UN AÑO DE BIENESTAR

La edición original de esta obra ha sido publicada en el Reino Unido en 2022 por Leaping Hare Press, sello editorial de The Quarto Group, con el título

The Leaping Hare Wellness Almanac

Traducción del inglés
Gemma Fors

Copyright © de la edición española, Cinco Tintas, S.L., 2023
Copyright © del texto de las páginas 118-119, Barnaby Carder
Copyright © del texto de las páginas 326-329, Sicgmone Kludje y Vanessa Koranteng
Copyright © de las ilustraciones, Raluca Spatacean, 2022
Copyright © de la edición original, Quarto Publishing plc, 2022

Texto de las páginas 220-221 tomado del libro *Mindful Thoughts for Writers*, de Joy Kenward, no publicado.

Todos los derechos reservados. Bajo las sanciones establecidas por las leyes, queda rigurosamente prohibida, sin la autorización por escrito de los titulares del copyright, la reproducción total o parcial de esta obra, por cualquier medio o procedimiento mecánico o electrónico, actual o futuro, incluidas las fotocopias y la difusión a través de internet. Queda asimismo prohibido el desarrollo de obras derivadas por alteración, transformación y/o desarrollo de la presente obra.

Av. Diagonal, 402 – 08037 Barcelona
www.cincotintas.com

Primera edición: septiembre de 2023

Impreso en China
Depósito legal: B 8724-2023
Código Thema: VXA
Mente, cuerpo y espíritu: pensamiento y práctica

ISBN 978-84-19043-20-7

UN AÑO DE BIENESTAR

Calendario para crear hábitos
espirituales positivos

———

ILUSTRADO POR
RALUCA SPATACEAN

CONTENIDOS

ABRIL · 96

MARZO · 68

FEBRERO · 36

ENERO · 10

CONCIENCIA PLENA

CONEXIÓN

SABIDURÍA

NATURALEZA

MAYO · 126
JUNIO · 158
JULIO · 186
AGOSTO · 212
SEPTIEMBRE · 242
OCTUBRE · 266
NOVIEMBRE · 292
DICIEMBRE · 322

CREATIVIDAD
RITUALES
ALEGRÍA
PAZ

INTRODUCCIÓN

El bienestar significa cosas diferentes para diferentes personas. Puede significar sentirse tranquilo y en paz, feliz y alegre, fuerte y resistente, o todo ello a la vez.

Un año de bienestar es un libro grande por una razón: reúne en un solo volumen lo mejor de los títulos creados cuidadosamente para nuestra colección de libros para una vida consciente.

Meditación; reflexión; escritura de un diario; movimiento; manualidades; práctica de la gratitud; conexión con la naturaleza; visualizaciones y afirmaciones. Todas ellas, actividades que podemos incorporar a nuestro día a día. Los hábitos sencillos y auténticos que aprenderás con este calendario reforzarán tu conexión con la creatividad, la naturaleza, la conciencia plena o mindfulness, la compasión, los vínculos y el amor. ¿A quién no le viene bien eso?

Estructurado en torno a las estaciones del año del hemisferio norte, este almanaque se divide en capítulos mensuales. En caso de que te encuentres en el hemisferio sur, te recomiendo que utilices el libro en los meses que corresponden a en tu hemisferio. dichas estaciones. Cada mes, se ofrecen ideas para reflexionar; meditaciones y prácticas de observación de estrellas; un paso creativo hacia la comprensión de tu mundo interior mediante la escritura de un diario; una receta o manualidad para gozar de la alegría empoderadora del trabajo manual; ejercicios de yoga y respiración para reconectar holísticamente con tu

mente, cuerpo y espíritu; notas de gratitud, y visualizaciones
y afirmaciones para sintonizar contigo y con el mundo.

Del mismo modo que los ciclos de la naturaleza,
nuestra salud holística se encuentra en cambio constante
y significativo. Al prestar atención a nuestro interior y cuidar nuestros
sentimientos, nos volvemos más conscientes de la energía que
transmitimos al mundo.

Cultivar hábitos positivos que nos proporcionan sensación de
arraigo puede servirnos para descubrirnos, aceptarnos y amarnos
individualmente, unos a otros y al mundo natural. Así conseguiremos
mantener una conciencia plena en todo lo que hacemos.

¡SÉ TÚ, SÉ AUTÉNTICO, SÉ VALIENTE, SÉ CONSCIENTE, SÉ VIDA!

ACERCA DE ESTE LIBRO

En este almanaque cuidadosamente diseñado, cada sección ofrece una idea para la comprensión interior, la acción positiva, el trabajo manual, la conexión con la naturaleza y el amor propio.

Recomendamos que abrir esta hermosa guía forme parte de tu ritual matutino (o vespertino) y te propongas una intención de autocuidado para el día siguiente, ya sea para aprender algo nuevo, recordar quién eres o simplemente estar presente.

Usa el libro con libertad para leer una o tantas indicaciones como necesites, dentro del espacio consciente que has creado. La cinta te servirá para marcar la estación o el mes que se avecina.

No hay una manera correcta o incorrecta de usar este libro; aprovéchalo para regalarte tiempo y bienestar diario.

Abraza las estaciones, déjate empoderar por los rituales y crea hábitos positivos durante todo el año.

NATURALEZA

REFLEXIÓN

MOVIMIENTO

GRATITUD

MANUALIDAD

DIARIO

MEDITACIÓN

OBSERVACIÓN DE ESTRELLAS

RECETA

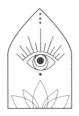
VISUALIZACIÓN

RITUAL

ENERO

*Tiempo para reinicios.
Halla el espacio y el tiempo
para reconectar con tu interior
y formular propósitos a conciencia.*

REFLEXIÓN
CREAR NUESTRO ENTORNO SINGULAR

Las casas no tienen que ser perfectas, pero podemos adaptar lo que depende de nosotros. Mindfulness significa estar presente en cada instante. Limítate a echar un vistazo a tu espacio; no trates de forzar ninguna reacción, solo observa cómo te sientes. ¿Qué aprecias? Tal vez las hojas de una planta de interior o la comodidad de una almohada hacen que tus hombros se relajen. Tal vez haya platos sucios en el fregadero: ¿te molestan como para darles prioridad o te parece más importante terminar una conversación y dedicarte a tus seres queridos? Contempla tus sentimientos, sin más; no hay una respuesta correcta.

Abordar así las decisiones más importantes puede darte sensación de equilibrio. Por ejemplo: ¿planificas cambios? Un sofá o una iluminación nuevos son estéticamente agradables y pueden conferirnos paz, pero si para conseguirlos nos endeudamos o amontonamos demasiados objetos en casa, entonces lo que ya teníamos bastaba. Una vez más, dedica unos minutos a escuchar tus sentimientos. Si estás frustrado porque en este momento es más sensato quedarse con el viejo sofá, por ejemplo, deja que esa frustración fluya a través de ti. No luches contra ella, no te hará daño. Siéntela y ya pasará.

Por supuesto, un hogar no es el cúmulo de objetos que contiene una casa; también es lo que se hace allí. Amigos en la cocina, compartiendo comida, risas y recuerdos; una ducha después de una larga caminata o un baño con un libro. Todo esto crea momentos para estar presente. No hay una manera correcta o incorrecta de hacer que tu hogar sea adecuado para ti; tal vez una nevera bien surtida, una cama cómoda o la película de los domingos por la noche. El olor de la cocina, el calor en el invierno, la sensación de seguridad y protección, ¿qué te hace sentir bien?

Un hogar debe proporcionarte un refugio, un lugar donde satisfacer tus necesidades emocionales y ser tú mismo. Puedes pasar cosas por alto al crear tu espacio, elementos que no solo crean tu santuario, sino que además son fáciles de conseguir, gratuitos y están a tu alcance. La risa no cuesta nada; dormir, tampoco; y la relajación entra en cualquier presupuesto. A medida que pasa el tiempo, entramos en diferentes etapas vitales, la familia puede crecer y la manera de usar nuestro espacio cambiará: igual que nosotros, también se cambian nuestros hogares. A veces nos acostumbramos a dormir en un lado de la cama o sentarnos en un lugar determinado en el sofá, pero es bueno modificar las cosas. Reorganizar y redecorar una casa puede provocar un cambio positivo. Lo que realmente importa es que sea un reflejo de nosotros, nuestras vidas y nuestras personalidades; si somos capaces de eso, el resto vendrá rodado.

MOVIMIENTO
NUTRE TU FUERZA INTERIOR

DURACIÓN: 10-15 minutos
ESTILO DE YOGA: hata clásico
BUENO PARA: fuerza, equilibrio, confianza

Esta secuencia te ayudará a desarrollar fuerza muscular y conectar con tu infinita fuente de poder interior. Las posturas te ayudarán a darte cuenta de que posees un gran poder y no tienes más que recurrir conscientemente a tu reserva de fuerza y coraje. Además, tonificarás los músculos, mejorarás el equilibrio y cultivarás tu conexión con la fuerza interior que se encuentra en lo más profundo de ti.

Completa 5-10 respiraciones en cada postura (de cada lado cuando la postura se realice con cada pierna). Siente la conexión con la Madre Tierra a medida que te expandes hacia el cosmos infinito. Tú eres el conector entre ellos y el poder de ambos fluye a través de ti. Finaliza la práctica con la postura del cadáver, mantenida 2 minutos, para consolidar el poder que has generado.

INICIA EL DÍA CON SEGURIDAD SABIENDO QUE ERES UN SER FUERTE Y PODEROSO.

POSTURAS DE LA SECUENCIA

- La montaña
- El guerrero 2
- El árbol
- La diosa

ENERO

1. LA MONTAÑA

2. EL GUERRERO 2

3. EL ÁRBOL

4. LA DIOSA

GRATITUD
LA ALEGRÍA DE LA GRATITUD

Cambia tu perspectiva y revive la alegría de tu vida con este ejercicio.

Compra una caja y llénala con objetos memorables, ya sean fotografías, recuerdos de salidas, billetes, tarjetas o entradas, imágenes, citas bonitas o poemas. También puedes escribir recuerdos en forma de historias cortas e incluirlos.

Por las noches, dedica un rato a pensar sobre el día y todas las cosas por las que te sientes agradecido. Puede tratarse de pequeñas cosas, como una buena comida casera o la sonrisa de un extraño, o grandes eventos. Acuérdate de dar gracias por todas las cosas que te hacen especial, y por la familia y los amigos. Recoge estas bendiciones en una lista y añádela a tu caja de recuerdos. Al final de cada semana, o cada vez que lo necesites, sumérgete en la caja y saca algo para recordarte la alegría que está presente en cada día.

Adopta el hábito del agradecimiento y te costará menos reconocer las dichas presentes en tu vida. Además, te centrarás más en lo que tienes que en lo que te falta.

ENERO

Elijo la felicidad.

*Este momento,
ahora mismo, es un regalo.*

Veo lo maravilloso que es mi mundo.

Me siento una persona bendecida.

REFLEXIÓN
RITMOS Y CICLOS

La regularidad y previsibilidad del cielo nocturno resultan reconfortantes. Ten por seguro que cuando la gente se acuesta en invierno, en el hemisferio norte, Orión y Géminis estarán a la vista, mientras que, en el hemisferio sur, la Lira y Sagitario se levantarán. Muchos llevamos vidas tan ocupadas y estresadas que nos cuesta relajarnos antes de acostarnos. Para los que permanecen despiertos hasta altas horas de la madrugada, estos patrones pueden ser una fuente de compañía nocturna tranquilizadora. Si no consigues dormir, y en tu mente bullen listas de tareas e ideas sin cesar, intenta abrir las cortinas de la habitación y desplaza la mirada hacia la oscuridad. Observa el ritmo de tu respiración, el ritmo de los latidos de tu corazón, el balanceo de los árboles y el constante titilar de las estrellas.

Las vidas frenéticas nos hacen olvidar nuestros ritmos y rutinas diarios fácilmente. Para muchas personas, mantener una rutina constante requiere esfuerzo y atención. Levantarnos y acostarnos a la misma hora y cocinar a una hora razonable nos da estabilidad.

ENERO

NATURALEZA
CONOCIMIENTO DE LA NATURALEZA

Un sencillo mantenimiento ofrece a las plantas la posibilidad de seguir sanas y fuertes. Enero es el mes ideal para tomar esquejes de raíz.

ESQUEJES DE RAÍZ

Toma un trozo de raíz robusto y sano, córtalo en secciones de 5 cm (2 in) y plántalas en compost bien drenado con la punta del esqueje ligeramente por debajo de la superficie. No riegues los esquejes en exceso y los verás brotar en primavera.

FLORES MARCHITAS

El principal objetivo de una flor es dar semillas. Si cortas las flores marchitas por sistema, la planta reacciona y produce más y más flores en un esfuerzo por reproducirse, y así su aspecto sigue esplendoroso a lo largo de todo el verano.

DIVISIÓN

Para dividir una planta grande, desentiérrala, retira la mayor cantidad de tierra posible de las raíces y corta la planta por la mitad con un cuchillo afilado. Replanta la antigua en su espacio original o trasplanta la nueva en otro espacio. Riega bien antes y después para que arraigue.

CIRCULACIÓN DE AIRE

Las plantas necesitan una buena circulación de aire para liberar los gases residuales y reducir las posibilidades de enfermedades y plagas. Espacia las plantas según su tamaño, para que fluya el aire y no compitan por los nutrientes y el agua.

PODA

Cortar las partes muertas, dañadas o enfermas de la planta estimula el crecimiento y ayuda a mantener el vigor. Hazlo en primavera u otoño, según el tipo de planta, y composta las podas o, si están enfermas, quémalas en una hoguera (usa las cenizas para acondicionar el suelo con potasio).

DIARIO
LA AVENTURA DE ESCRIBIR

Los bolígrafos son como varitas mágicas: con un trazo y unos pocos puntos creamos significado a través de las palabras. ¡Qué maravilla! Pero a menudo este proceso es más fácil de describir que de realizar. Como escritores, necesitamos desarrollar una conciencia inusualmente aguda: la sensación de las gotas de lluvia en el rostro, el olor de la hierba, la simple acción de respirar. Tal atención no excluye a aquellos que buscan la lucidez de una mente articulada y pensante. Por el contrario, es a través de la plena conciencia que el escritor llega a una comprensión clara de sus propias habilidades, necesidades y preferencias.

Detente un minuto y observa cómo tus pies se conectan con el suelo en este momento. Si estás sentado, observa el peso de tu cuerpo apoyado sobre la silla. Sé consciente del aire que entra y sale de tu cuerpo mientras respiras. Tócate la cara o el cabello. Nota la sensación que eso provoca sin juzgar ni analizar.

De la misma manera, cuando escribimos, podemos tratar de apreciar el modo asombroso en que nuestra mano transfiere pensamientos a ideas tangibles y observables: la realidad de las palabras en la página. El escritor es, pues, una especie de mago, y la pluma, su poderosa varita mágica.

ENERO

TOMA EL BOLÍGRAFO

Toma conciencia de su peso y capacidad de transformación. Piensa en las posibles historias, poemas y otros escritos que surgirán de él. Este es el comienzo de la aventura de escribir.

REFLEXIÓN
MENTE NUBLADA, MENTE CLARA

Cuando meditamos, nuestra concentración puede sufrir mala «visión». Se podría decir que nuestro enfoque «centellea» cuando nos bombardean un sinfín de pensamientos, impresiones, percepciones, recuerdos e ideas. ¿Cómo lidiamos con estas distracciones? Lo primero es darse cuenta de que todo el mundo las padece. No solo tú. Al detenernos para mirar dentro de nuestras mentes, puede que nos parezca un completo caos. No pasa nada. La atención plena no trata de deshacerse de estos pensamientos; lo que nos enseña es cómo cambiar nuestra actitud o relación con ellos.

Imaginemos un pensamiento como una nube en el cielo. Sabemos que unas veces hay muchas nubes y otras hay pocas. En ocasiones el cielo está totalmente nublado: nuestra mente está tan ocupada que los pensamientos se agolpan sin espacio entre sí. Tal vez sea el caso durante toda la jornada laboral. A veces solo hay unas pocas nubes blancas y esponjosas que se deslizan. Otras, el cielo se despeja por completo. Pero tener una mente clara es tan raro como un cielo azul en una selva tropical. Es encantador cuando sucede, pero perseguirlo no nos lleva a ninguna parte. Nuestro trabajo es aceptar y permitir las cosas tal como son. Deja que la mente esté nublada o clara, adopta una actitud de amabilidad y paciencia con la experiencia. Incluso en las noches más nubladas las estrellas siguen brillando. Incluso cuando nuestra mente está acelerada podemos permitir ese ajetreo y reconocer que está bien.

La gente compara la atención plena con un viaje al gimnasio para la mente. Cada vez que nos alejamos involuntariamente de nuestro enfoque, guiamos con suavidad nuestra conciencia de regreso al aquí y ahora. No hay necesidad de tratar de averiguar por qué uno estaba distraído ni castigarse por ello. Solo hay que volver al presente.

ENERO

MANUALIDAD
PUNTADA RECTA

Es el punto más simple y constituye la base de la costura a mano.

HERRAMIENTAS Y MATERIALES

- Aguja enhebrada con 40 cm (15¾ in) de hilo de algodón
- Un trozo pequeño de tela

INSTRUCCIONES

1. Anuda el extremo del hilo y pasa la aguja de la parte trasera de la tela a la delantera, de modo que el nudo quede detrás.

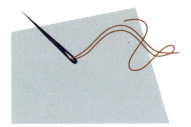

2. Pincha la aguja de delante hacia atrás dejando el espacio de una puntada, y pincha de nuevo desde atrás hacia delante dejando el espacio de otra puntada. Agarra la punta de la aguja y tira de ella hasta que el hilo quede tensado.

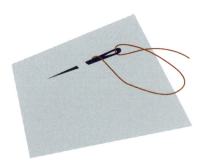

3. Avanza el espacio de una puntada y repite la operación.

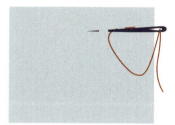

4. Cuando hayas ganado suficiente confianza, puedes realizar múltiples puntadas de golpe, pinchando la aguja de delante hacia atrás, de delante hacia atrás.

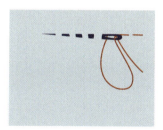

5. Al terminar, lleva la aguja a la parte de atrás, realiza una pequeña puntada en el espacio y tira del hilo dejando un bucle. Pasa la aguja a través del bucle y tira del hilo. Repite y corta el hilo, dejando una cola de 1,3 cm (½ in).

GRATITUD

ESCUCHA EL SONIDO DE LA LLUVIA

Sin agua, no podemos cultivar un jardín. Los pozos y la humedad almacenada en el suelo a través de técnicas de permacultura son muy útiles, pero lo que un jardín necesita, al menos hasta cierto punto, es lluvia. La lluvia no solo trae agua no clorada, sino que cada gota también contiene una partícula de tierra. Las nubes de lluvia y las tormentas transportan el suelo por toda la Tierra, compartiendo minerales entre jardines. La lluvia nos conecta a todos.

La lluvia trae vida. Demasiada lluvia, sin embargo, es un problema. Así que la lluvia nos habla de los dones nutritivos de la naturaleza, pero también de equilibrio y gratitud. Esperamos la cantidad justa de lluvia, y cuando viene, nos inunda la sensación de que las cosas van bien. Antaño, la lluvia y los sistemas de acueductos eran todo lo que nos permitía regar nuestros campos. La sequía significaba la muerte, e incluso el fin de civilizaciones enteras. En algunas partes de África y Asia, esto sigue siendo así. No es de extrañar que en muchas culturas encontremos dioses o guardianes de la lluvia, como el Dudumitsa búlgaro, el Oya yoruba y el Tláloc azteca.

La lluvia, tanto literal como metafórica, se menciona en la Biblia. La lluvia es vida. También estamos aprendiendo que, incluso en las naciones industrializadas y desarrolladas, no podemos hacer lo que queramos con la lluvia y el resto del agua del planeta. Al drenar los acuíferos, alteramos el equilibrio del agua que da vida al planeta. Tal vez necesitemos volver a las prácticas de gestión del agua basadas en la gratitud consciente.

ENERO

El agua es vida.
Yo soy vida.
Todo es uno.

REFLEXIÓN
UN PASEO NOCTURNO

En la ciudad, experimentamos una noche muy alejada de la que disfrutaron nuestros antepasados, con nada más que un pequeño fuego y las estrellas para iluminarse al ponerse el sol. El estilo de vida que hemos desarrollado, sin duda, nos ha ayudado a terminar más tareas en un día, pero a un alto precio. Experimentar la oscuridad es bueno para nosotros; es natural para nuestra biología y crucial para el sueño reparador, y mantiene en funcionamiento nuestro sistema inmunológico. Vivir en un lugar que apenas duerme puede ser un aspecto agotador de la vida urbana.

Asegurarnos de pasar el mayor tiempo posible en tranquilidad y oscuridad es un ejercicio consciente que podemos practicar en casa, convirtiendo este entorno en uno menos estimulante que las calles. Está en nuestras manos pasar las noches lo más tranquilas y menos iluminadas posible, y podemos apagar teléfonos, televisores, lámparas y ordenadores, que pueden ser perjudiciales para la biología del cuerpo mientras dormimos. Entonces apreciaremos mejor la ciudad por la noche cuando salgamos, y podremos experimentarla de manera positiva en lugar de como drenaje mental. Nuestra mente estará menos cargada, más abierta a la belleza de la ciudad por la noche. Así, veremos los colores cambiantes del cielo oscuro y disfrutaremos de los aromas de los alimentos exóticos que salen de las cocinas de los restaurantes.

ENERO

MEROS PARPADEOS

Dar un paseo nocturno con el propósito de no fijarse un rumbo revela características de la personalidad de la ciudad a esa hora del día. Mientras caminamos, vislumbraremos la luna sobre nosotros. Volver nuestros ojos hacia arriba para ver este matasellos de otra dimensión, más allá de los límites de la ciudad, es un recordatorio de nuestro lugar en el sistema solar. Lejos de hacernos sentir insignificantes al considerar lo breves que son nuestras vidas en comparación con el espacio eterno que habita la luna, mirarla nos permite reflexionar sobre la preciosa naturaleza del ahora. Recordar, de vez en cuando, que somos meros parpadeos en la vida de un planeta de más de cuatro mil millones de años puede ser una meditación edificante que afirma la vida, que nos induce a sentirnos agradecidos de haber estado presentes para experimentarlo.

RECETA
«BROWNIES» DE CHOCOLATE

Esta es la receta perfecta de *brownie* jugoso y rico, un capricho ideal para una recogida noche de invierno. Con una base de nueces y almendras, es una deliciosa alternativa al clásico pastel.

SALEN 20

INGREDIENTES

- 150 g (5½ oz) de almendras crudas enteras
- 100 g (3½ oz) de aceite de coco, derretido (p. 340)
- 50 g (1¾ oz) de cacao puro en polvo
- 400 g (14 oz) de dátiles, sin hueso y cortados a lo ancho en 3 trozos
- 125 g (4½ oz) de nueces crudas partidas por la mitad
- 3 cucharaditas colmadas de cristales de xilitol, y un poco más para decorar
- Una pizca de cristales de sal rosa
- 20 g (¾ oz) de sirope de yacón
- 50 ml (2 fl oz) de agua filtrada

UTENSILIOS

- Procesador de alimentos o batidora
- Cuchara de madera (opcional)
- Bol grande
- Molde de repostería de silicona de 20 × 22 cm (8 × 8½ in)
- Tabla de cortar
- Cuchillo

ELABORACIÓN

1. Tritura las almendras en el procesador de alimentos o con la batidora hasta molerlas bastamente.

2. Añade el aceite de coco, el cacao, dátiles, 75 g (2¾ oz) de las nueces, el xilitol y la sal al vaso del procesador. Tritura hasta que todos los ingredientes queden bien troceados, parando para removerlos con la cuchara si hace falta. Obtendrás una mezcla espesa y amarronada.

3. Pasa la mezcla a un bol grande y añade el resto de las nueces, el sirope de yacón y el agua. Sigue removiendo hasta que se vuelva pegajosa.

4. Pasa la mezcla al molde de silicona, forzándola para que llene todos los rincones y esquinas. Usa el dorso de la cuchara para alisar la superficie de la mezcla.

5. Introduce el molde en el congelador 30 minutos o hasta que la mezcla quede firme sin congelarse.

6. Saca el *brownie* del congelador y separa los lados del molde para que se suelte. Mientras aún esté firme, desmóldalo, disponlo sobre la tabla de cortar y espolvoréalo con los cristales de xilitol restantes. Córtalo en cuadrados de unos 4 cm (1½ in) y sírvelos enseguida o bien consérvalos en el frigorífico, cubiertos, donde aguantarán hasta 3 días.

CONSEJO
Sirve los brownies de postre, con helado, o córtalos más pequeños para servirlos como canapé dulce.

REFLEXIÓN
EL CAMINO DE LA CREATIVIDAD

Vivimos en una época en que necesitamos conectarnos con nuestro yo creativo más que nunca. La estimulación constante del mundo moderno es abrumadora, pero también ofrece oportunidades para la inspiración creativa, si nos damos tiempo para respirar y absorberla para expresarnos. Como sociedad, parece que sintonizamos con los beneficios del arte en el ser humano. En todo el mundo se está produciendo una oleada de creatividad y más personas adoptan todo tipo de prácticas artísticas por placer y bienestar. Esta forma inherente de autoexpresión nos ofrece una amplia gama de recompensas, y los beneficios aumentan enormemente cuando incorporamos la atención plena a la práctica artística.

El arte proporciona a un practicante consciente un enfoque estimulante para cultivar la quietud interior. Manipular algo delicada y hábilmente requiere ubicarse en algún lugar más allá del mundo externo, en el reino interno de nuestra imaginación. Al profundizar en este espacio, enriquecemos tanto nuestra meditación como nuestro arte. La riqueza y la belleza de crear pueden pasar desapercibidas, olvidarse o diluirse si no estás presente para experimentarlas en el momento. Cuando creamos de una manera consciente, presenciamos la transformación que nuestra creatividad conlleva. Nuestras mentes se abren a una forma más intuitiva y lúdica de hacer, que nos conduce a una mayor sensación de alegría. Podemos conectarnos íntima y consideradamente con nosotros mismos y con los demás.

ENERO

Al calmar el parloteo de nuestra mente consciente y soltar el control, nos permitimos escuchar y responder sin miedo a nuestras inspiraciones susurradas. A través de la atención plena nos elevamos por encima de la crítica interna, confiando en nuestra capacidad artística.

Para muchos de nosotros, disponer de tiempo para dedicar al arte es un lujo. Cuando encontramos estos momentos, nos debemos a nosotros mismos dejar atrás las preocupaciones cotidianas y estar plenamente presentes. Cuando conectamos profundamente con la creación a través de la plena consciencia, nos abrimos a la magia de hacer y la belleza que se encuentra aquí y ahora.

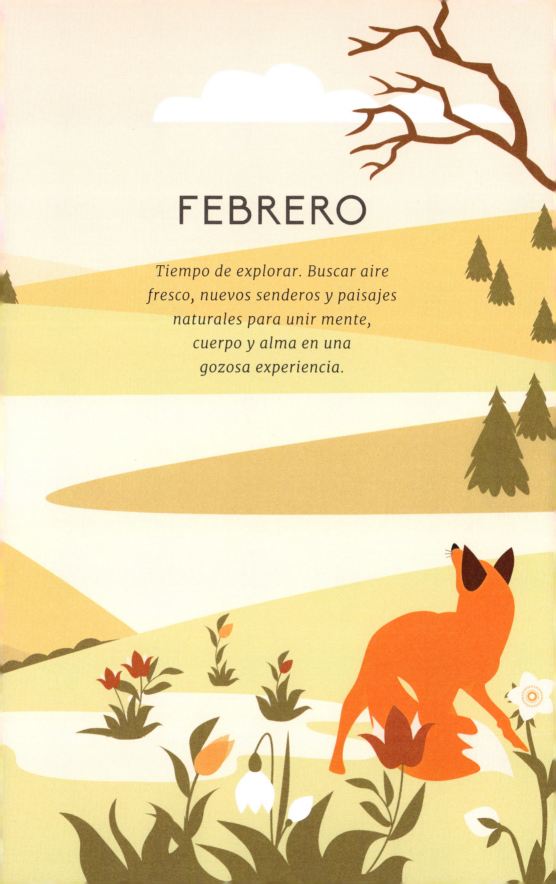

REFLEXIÓN
SOLO CAMINA

Una de las mejores cosas que podemos hacer por nosotros mismos es dar un buen paseo. Es una de las actividades más naturales del mundo, ejercita el cuerpo y estimula el corazón, mientras que al mismo tiempo libera la mente para que esté más abierta y alerta. Como un músculo contraído, la mente necesita aflojarse antes de soltarse, para disfrutar del momento presente y afrontar la realidad. Después de una caminata, volvemos renovados y lúcidos.

Caminar puede ser una forma de aumentar nuestros niveles de conciencia y mejorar nuestra vida consciente: el paseo será más agradable a medida que comprendemos nuestro lugar en el mundo de la naturaleza. Podemos hacer frente a las preguntas que acechan en el fondo de la mente: ¿Quién soy? ¿De dónde vengo? ¿A dónde voy? La caminata puede ser solo un ligero paseo diario, o ampliarse a esa gran excursión bien planificada que nos lleva más allá del horizonte, siguiendo el curso de un gran río, sobre cadenas montañosas o a través de bosques remotos.

La atención plena es una forma de mantenerse en contacto con la realidad, importante para cada uno individualmente, pero también como miembros de una especie poderosa y potencialmente destructiva. Como ejercicio, tiene sus raíces tanto en la naturaleza humana como en el budismo. No siempre es fácil ser un ser humano; cada vez más, sufrimos una ansiedad febril, preocupados por el pasado y por el futuro, olvidando la vida que se encuentra aquí y ahora. Sentimos que al envejecer perdemos algo, esa capacidad inocente de la infancia para deleitarse con cosas simples: una mariquita, un juguete o un regalo.

MOVIMIENTO

LA IMPORTANCIA DE LA RESPIRACIÓN

DURACIÓN: 5-7 minutos
ESTILO DE YOGA: todos
BUENO PARA: concentrarse

El yoga es la unión del cuerpo y la mente a través de la respiración. El uso dirigido y consciente de la respiración es lo que define el yoga y lo diferencia de otras formas de estiramiento físico, como los ejercicios posteriores al entrenamiento.

Antes de comenzar esta práctica de pranayama, siéntate en una posición cómoda, cierra los ojos y concéntrate 1-2 minutos en la respiración. Observa su ritmo natural, su flujo, y dónde la sientes en tu cuerpo.

FEBRERO

1. Coloca una mano sobre la barriga y la otra sobre el pecho.

2. Inhala y siente cómo el aire te llena la barriga.

3. Sigue llenando los pulmones y siente cómo el pecho se eleva.

4. Para exhalar, libera el aire del pecho y luego de la barriga.

5. Suelta todo el aire usando los músculos abdominales.

Repite 3-10 veces.

No aguantes la respiración en ningún momento. La norma general del yoga para respirar consiste en inhalar cuando se abre o expande el cuerpo y exhalar cuando se dobla o se contrae.

GRATITUD

GRATITUD POR LAS COSAS COMO SON

La práctica de la gratitud es un aspecto importante de la conciencia plena o mindfulness. Piensa en tres cosas por las que sientas agradecimiento. Puedes incluir algo tan sencillo como disponer de calefacción o agua potable, o tan profundo como contar con una pareja cariñosa, amigos de verdad o hallarte constantemente bajo la protección de la Madre Tierra. Si realizas este ejercicio cada día, notarás que algunas de las cosas que agradeces salen recurrentemente, mientras que otras vienen y van, pero que, gradualmente, tu perspectiva del mundo varía. La gratitud nos ayuda a ser más positivos y sustituye nuestros deseos, anhelos e impulsos por satisfacción por las cosas tal como son ahora en nuestra vida.

FEBRERO

Me comprometo a aceptar mi vida tal como es y sentir agradecimiento por lo que tengo.

NATURALEZA

¿POR QUÉ INTERCAMBIAR SEMILLAS?

El intercambio de semillas excedentes es un gesto de buena voluntad, y suele llevarse a cabo en reuniones de jardineros principiantes y experimentados. Los participantes intercambian tanto semillas como conocimientos en un espacio comunitario o en la casa de alguien, o por grupos.

Con el aumento del coste de vida, el intercambio de semillas es una buena manera de ser más autosuficiente en el jardín ornamental o el huerto. Guardar e intercambiar semillas ofrece muchos beneficios, desde el ahorro hasta el mantenimiento de la seguridad alimentaria y la protección de la biodiversidad, las especies y la genética de las semillas. También sirve para difundir las prácticas e ideas de otras culturas, vinculadas a ciertas especies de plantas. Las semillas pueden viajar grandes distancias, y las de mayor importancia cultural tienden a ser transportadas por las personas al moverse por el mundo.

El intercambio de semillas aumenta la variedad de plantas en el jardín. En los encuentros, se puede intercambiar conocimiento y sabiduría local, información sobre lo que funciona o no en un microclima, y es posible descubrir plantas nuevas e interesantes. El intercambio local ayuda a la comunidad a independizarse de los fabricantes de semillas que tienden a controlar la disponibilidad y variedad de semillas. Aunque guardar semillas es una costumbre antigua, eventos globales como Seedy Saturday y Seedy Sunday no comenzaron hasta 1990.

Los jardineros con experiencia incorporan la recolección de semillas a su rutina de jardinería para los eventos de intercambio de semillas, y la creciente popularidad de estas ocasiones se ha ganado el interés de los principiantes entusiastas.

FEBRERO

INICIA UNA RONDA DE INTERCAMBIO

Si no es posible reunirse en persona, ¿por qué no iniciar una ronda de intercambio de semillas? Si se hace a nivel local, es más probable encontrar plantas que crecen bien en las condiciones climáticas de la zona.

1. Recopila los nombres y direcciones de los interesados y proporciona la lista de nombres a todos los participantes.

2. Si eres quien organiza el intercambio, envía una caja llena de tus semillas excedentes a la siguiente persona de la lista.

3. La siguiente persona tomará un paquete de semillas de la caja y las reemplazará con algunas semillas más.

4. La caja se envía a la siguiente persona de la lista, que retira y reemplaza un paquete como se indica arriba.

5. La cadena continúa hasta que la última persona de la lista envía la caja (que ahora debería contener una combinación completamente diferente de semillas) al organizador.

NATURALEZA

GUARDAR SEMILLAS: BENEFICIOS MEDIOAMBIENTALES

VIDA SILVESTRE

Guardar semillas salva especies. La diversidad de plantas favorece la diversidad de animales, y unidas crean un ecosistema sano fundamental para la existencia de todos los seres vivos. El Departamento de Pesca y Fauna Salvaje de los EE. UU. estima que perder una especie vegetal puede desencadenar la pérdida de hasta 30 especies adicionales de insectos, plantas y animales.

DIVERSIDAD ALIMENTARIA

Conservar las semillas es conservar la diversidad de alimentos y de cultivos. Se necesitaron 10 000 años para desarrollar la diversidad agrícola que disfrutamos hoy, y que ahora está amenazada por las industrias alimentarias mundiales cuyo único objetivo es el beneficio. Como resultado, hay variedades de plantas hiperproductivas e hiperduraderas en lugar de plantas de cultivo biológico y polinización abierta.

La diversidad alimentaria cae en picado en un mundo de monocultivos. La comunidad de conservación de semillas está en un buen momento y supone un esfuerzo mundial para preservar la diversidad vegetal.

FEBRERO

COMUNIDAD

Intercambiar las semillas fortalece los vínculos comunitarios. Es una buena manera de hacer amigos y mantener o escuchar conversaciones interesantes. En los encuentros para intercambiar semillas, suelen ofrecerse charlas o talleres sobre temas relacionados, como apicultura, flores silvestres, plantas raras, biodiversidad e incluso cocina de los productos cultivados.

SEGURIDAD ALIMENTARIA

Las personas que guardan semillas contribuyen a la seguridad alimentaria al cultivar y consumir sus propios productos. Esto significa que los productos no recorren grandes distancias para llegar del campo a la mesa, y los agricultores controlan lo que cultivan y lo adaptan a su cultura y dieta. Conservar semillas del propio huerto garantiza el suministro de alimentos para uno mismo, las futuras generaciones de la familia y la comunidad con la que se intercambian.

REFLEXIÓN

SEMILLAS: PROMESAS Y ESPERANZA

Una semilla es el epítome de la esperanza. En su interior descansa la concentración de la vida. Todo lo que la planta necesita para descender primero a la oscuridad y luego ascender hacia la luz se mantiene a salvo bajo la resistente capa de la simiente. Dentro espera una pequeña raíz futura, un pequeño brote futuro y toda la comida que la plántula necesitará para prosperar, además de las instrucciones invisibles para la semilla.

Como jardineros, usamos semillas como oraciones, pequeñas promesas de lo que está por venir. Los humanos comemos semillas diariamente: de arroz, trigo, girasol, guisante, frijol, cacahuete, sésamo... Algunas son más difíciles de digerir que otras, ya que una semilla no quiere ser consumida, sino perpetuarse. Hay quien no es capaz de digerir ciertas semillas: algunos cuerpos interpretan el gluten como una toxina, así que rechazan las semillas de trigo, centeno o cebada. Tal vez el aumento de las alergias es la forma en que el planeta nos insta a respetar las semillas, dejar de darlas por sentado, rociarlas con venenos o modificarlas. Respetémoslas.

¿QUÉ SEMILLAS TIENES CERCA AHORA MISMO?

Las semillas están en nuestro entorno. Están ahí porque son vida, alimento, promesas y esperanza para el futuro. Mira a tu alrededor: ¿qué semillas tienes cerca?

NO ES SOLO UNA METÁFORA

Para un jardinero que siembra con semillas, ver un montón de ellas le provoca emoción. Las semillas significan primavera y jardín. Para el agricultor de Malaui o la India rural, las semillas significan otro año de vida para ellos y sus hijos. Para ellos, la semilla no es solo una metáfora, y lo mismo cabe decir para todos nosotros. En las naciones desarrolladas, olvidamos que nuestras vidas dependen de las semillas. Por esta razón los bancos de semillas de todo el mundo almacenan gran diversidad de semillas raras y comunes, y las mantienen a salvo por el bien de la humanidad y de las plantas.

En 2015, investigadores agrícolas sirios hicieron la primera retirada de semillas del Banco Mundial de Semillas de Svalbard (también denominado «la bóveda del fin del mundo») desde su creación en 2008. Las semillas se plantaron en Marruecos y Líbano, después de que las variedades de trigo resistentes a la sequía fueran destruidas por el conflicto en Siria. Todos dependemos de las plantas y sus semillas. Al cultivar, proteger y guardar semillas, formas parte de esta red que atraviesa todas las barreras culturales. Las semillas que nos mantienen vivos dependen de nosotros para seguir también vivas ellas mismas.

DIARIO
EXPLORA TU VOZ INTERIOR

La genética y la experiencia nos convierten en lo que somos para el mundo. Pero ¿quiénes somos para nosotros mismos? A menudo, no decimos las cosas que queremos decir. Incluso aunque seamos grandes conversadores, puede haber un silencio interior que bloquee nuestra voz real. La gente piensa que nos conoce, pero tal vez estemos tratando de complacerlos, impresionarlos o enmascarar nuestro verdadero yo.

Para escribir con honestidad, claridad y alegría, debemos ponernos en contacto con esa voz interior. A veces está enterrada tan profundamente que hay que cavar un poco (pero ¡con delicadeza!) para encontrarla. Este ejercicio de exploración puede ser muy gratificante.

El ejercicio de la página siguiente está relacionado con los sentimientos, los recuerdos y las emociones. Por eso, es mejor que lo guardes para ti, ya que la privacidad puede ayudarnos a resolver nuestros verdaderos sentimientos. Cuando otros están involucrados, es fácil que tomemos en cuenta sus necesidades y opiniones. Esta exploración es solo para ti.

FEBRERO

1. Siéntate lo más cómodamente posible con este libro, papel y un bolígrafo o lápiz. Pon los pies planos en el suelo. Observa cómo te sientes al tener las plantas de los pies conectadas con el suelo.

2. Presta atención a tu respiración. Observa cómo entra y sale el aire de tu cuerpo; suele estar más fresco al entrar por la nariz o la boca, y más cálido al salir.

3. Si tus pensamientos intentan distraerte, acéptalos, pero vuelve tu atención a la respiración.

4. Al cabo de unos minutos, pon la mano en esta página del libro abierto. Conecta con la sensación que produce, sin analizar ni juzgar nada.

5. Toma el bolígrafo o lápiz. Nota su peso en tu mano.

6. Ahora, responde las siguientes preguntas. Respira tranquilamente una vez antes y después de leer cada pregunta, para que la respuesta acuda a ti con claridad.

¿Qué actividades te proporcionan más placer?

¿Cuál es tu lugar preferido?

¿Cuál es tu recuerdo preferido?

¿Qué asignatura te gustaba más en el colegio?

MANUALIDAD
PREPARA ARCILLA DE SECADO AL AIRE CASERA

Como experiencia artesana de mindfulness, ¿por qué no elaborar tu propia arcilla desde cero? Este tipo de arcilla adquiere un hermoso color blanco opaco al secarse, si bien hay que ir con cuidado porque es bastante frágil.

SALEN APROX. 500 G (1 LB 1½ OZ)

HERRAMIENTAS Y MATERIALES

- 240 ml (8½ fl oz) de agua
- 128 g (4½ oz) de harina de maíz
- 256 g (9 oz) de bicarbonato
- Cazo antiadherente
- Molde de silicona
- Papel film transparente

CONSEJO
Envuelve la arcilla sobrante en papel film transparente para evitar que se seque y puedas usarla más adelante.

FEBRERO

ELABORACIÓN

1. Mezcla todos los ingredientes en un cazo antiadherente.

2. Pon el cazo a fuego lento y cuece unos minutos, sin dejar de remover. Cuando la mezcla pase de ser una pasta blanda a una más espesa, similar a las gachas, retira el cazo del fuego.

3. Pasa la masa al molde de silicona y consérvala tapada hasta que se enfríe. Guarda la arcilla bien envuelta cuando no la uses. Se conserva en el frigorífico durante 1-2 semanas.

REFLEXIÓN
ESPERANDO LA PRIMAVERA

Uno de los fenómenos ornitológicos más conmovedores es la migración primaveral en el hemisferio norte, cuando inmensas bandadas de aves vuelan hacia el norte, hacia sus zonas de reproducción. Oleadas de pájaros cruzan las Américas; inundan Asia, Vietnam y Corea; fluyen de África a Europa. Este vasto espectáculo conmueve al ser humano año tras año, despertando su humildad, la sensación de ser parte de algo más grande, observadores de un proceso mágico de renovación.

No podemos aislar el comportamiento de las aves en primavera de todo lo demás que sucede en esa estación. El sol se eleva más en el cielo, calentando el suelo. Respiramos el aire fresco y suave, las hojas comienzan a desplegarse y sentimos la savia ascendente de la vida. La primavera, de hecho, más que la simple regeneración de la naturaleza, es un símbolo de renacimiento y renovación personal.

LLEGADAS PRIMAVERALES

El poeta, filósofo y naturalista estadounidense del siglo XIX Henry D. Thoreau, mientras vive en el bosque junto a Walden Pond buscando, como él dice, «el tónico de lo salvaje», escucha los signos de la primavera con ansiosa anticipación: el crujido del hielo en el estanque, el sonido de los gansos que migran hacia el norte y el canto del azulejo, el gorrión melódico y el zorzal alirrojo. La reacción de Thoreau es similar a la del sabio John Muir, el escocés que se esforzó para conseguir salvar la naturaleza salvaje de Estados Unidos, padre fundador de sus parques nacionales. El azulejo es para él, también, la tan esperada llegada de la primavera, anunciando con su «rico y crepitante gorjeo» un nuevo año de crecimiento y vitalidad.

FEBRERO

Cada uno de nosotros, dependiendo de dónde vivamos, puede escuchar y buscar diferentes aves. En Europa, puede ser el sonido de la alondra ascendiendo por encima del nido, con su canción de invierno (un corto gorjeo pícaro) transformada en una aflautada melodía continua desde el cielo. Las encantadoras notas de una curruca de sauce pueden llevarnos a un punto muerto temporal, cautivados. Escucharemos el agradable gorjeo de las golondrinas mientras exploran vigas y espacios en el techo donde hacer sus nidos. Escucharemos al cuco, anunciando su presencia con su llamada bicolor desde algún árbol distante. Es fácil olvidar que su largo viaje desde África comenzó en lo que para nosotros era el frío y la oscuridad del pleno invierno. Él, con todos los demás visitantes migratorios, anticipó la primavera, como nosotros, semanas antes de que estallara en riberas y setos.

MEDITACIÓN
MEDITACIONES CON UNA ESTRELLA

Prueba esto la próxima vez que mires al cielo nocturno.

Elige una estrella y concentra en ella toda tu atención. Quizás te será más cómodo centrar la mirada algo desviada hacia un lado de la estrella, ya que el centro de la retina es menos sensible cuando hay poca luz. Deja que la experiencia sea tan intensa que no deje lugar para nada más. Consigue que el hecho de mirar la estrella te identifique a ti con la estrella. Este ejercicio es el equivalente al tipo de meditación concentrada que permite a la mente clamarse hasta alcanzar un estado de paz y tranquilidad.

Ahora intenta ampliar la mirada y tomar conciencia de tu visión periférica. Deja que otras estrellas, nubes, árboles y edificios se hagan presentes. Esta acción es parecida al tipo de meditación abierta que nos ayuda a fomentar la amabilidad y la paciencia a través de la experiencia.

FEBRERO

RECETA

«MACARONS» DE AMOR

Estos deliciosos dulces con forma de corazón son unos pastelitos de chocolate ideales para una celebración o para tomar con el café o té.

SALEN 8

INGREDIENTES

- 150 g (5½ oz) de pacanas crudas
- 50 g (1¾ oz) de almendras crudas
- Una pizca de cristales de sal rosa
- 150 g (5½ oz) de dátiles frescos, sin hueso y cortados por la mitad a lo ancho
- 2 cucharadas de cacao puro en polvo
- ¼ de cucharadita de canela molida
- 50 ml (2 fl oz) de agua filtrada

PARA EL RELLENO

- 40 g (1½ oz) de manteca de cacao
- 1 cucharada de aceite de coco
- 70 g (2½ oz) de aguacate pelado y deshuesado
- 2 cucharadas de cristales de xilitol
- 5 gotas de extracto de vainilla
- 2 cucharadas colmadas de cacao puro en polvo
- 1 cucharada colmada de lúcuma en polvo

UTENSILIOS

- Procesador de alimentos
- Cuchara de metal
- Trituradora
- Deshidratador con hoja de malla
- Accesorio para baño maría
- Dos moldes de silicona con 8 huecos en forma de corazón
- Recipiente hermético

ELABORACIÓN

1. Tritura las pacanas y almendras con la sal en el procesador de alimentos para molerlas bastamente.

2. Añade el resto de ingredientes, excepto el agua, a los frutos secos molidos en el procesador de alimentos y tritura. Mientras la máquina trabaja, agrega poco a poco el agua por la boca superior. Procesa hasta que se forme una mezcla pegajosa.

3. Vierte la mezcla en cada hueco de los moldes en forma de corazón hasta rellenarlos con 1 cm (½ in) de la masa. Presiona con la parte posterior de la cuchara o los dedos para aplanar la mezcla.

4. Coloca los moldes en la malla del deshidratador y deshidrata a 40,5 °C (105 °F) durante 1 hora. Pasado este tiempo, los corazones quedarán lo bastante sólidos para poder desmoldarlos con cuidado, manteniendo su hermosa forma, y disponerlos directamente sobre la malla. Deshidrata durante 3 horas más.

5. Cuando los corazones estén casi listos, derrite la manteca de cacao con cuidado, junto con el aceite de coco si este ha endurecido y se ha vuelto blanco, en un baño maría hasta que se funda.

6. Agrega la manteca de cacao derretida y el aceite de coco, junto con los ingredientes restantes para el relleno a la batidora y mezcla a alta potencia, usando el émbolo, hasta obtener una pasta suave y cremosa.

7. Retira los *macarons* del deshidratador y tapa 8 de los corazones con unas 4 cucharaditas del relleno. Coloca los 8 corazones restantes encima y presiona suavemente hasta que el relleno comience a rebosar por los lados. Disfruta los dulces aún calientes. Los *macarons* se conservan dentro del recipiente hermético en el frigorífico hasta 1 semana, aunque el relleno se endurecerá una vez que hayan sido refrigerados.

AFIRMACIÓN
LEVANTA EL ÁNIMO

Adquiere un cristal de cuarzo para ayudarte a mantener la claridad y la concentración.

Dedica cinco minutos todos los días a sostenerlo con ambas manos. Respira. Mientras inhalas, imagina que absorbes la energía del cristal en tu interior. Para aumentar el efecto positivo, imagina que te envuelve una cámara de cristal. Mientras exhalas, vuelca tus miedos o tu confusión en el cristal.

Al menos una vez a la semana, saca el cristal afuera y entiérralo en el suelo para que cualquier energía negativa sea absorbida por la tierra y transformada en luz. Si no tienes acceso a un jardín, simplemente entierra el cristal en una maceta durante la noche.

Una vez limpio, puedes colocar el cristal debajo de la almohada por la noche y pedir orientación en tus sueños.

El cristal de cuarzo amplifica y también transmite la energía, por eso es la piedra perfecta cuando se quiere liberar energía negativa y despejar la mente. Respirar con el cristal ayuda a calmar y enfocar la mente.

FEBRERO

Todo está claro y cristalino.

Veo, pienso, soy.

La claridad es mía a partir de este momento.

REFLEXIÓN

VIVIR AQUÍ Y AHORA

Un buen momento para practicar la atención plena es cuando la mente está muy ocupada. Entonces, la mente pensante se dedica a enfriar sus circuitos y eso da a la mente más directa, la de la experiencia, ocasión para sentir.

Cuando meditamos caminando, sentimos cómo los pies se levantan, se balancean y se posan en el suelo. El hecho de conocer la fuerza de la gravedad y las referencias de espacio y tiempo no nos ayuda a experimentar esa realidad, sino todo lo contrario. Para conectar con nuestra realidad hay que dejar de lado esas ideas y darnos cuenta de que se trata solo de palabras, etiquetas hechas por el hombre para ayudarnos a comprender y relacionarnos con nuestra experiencia. ¿Qué es el tiempo? ¿No se ha ido ya el pasado y el futuro aún no ha sucedido? Sólo existe el ahora y aquí. Recordamos el pasado desde el presente y planificamos el futuro en el presente. Los rayos de luz que han viajado a través del universo durante 13 mil millones de años no saben nada de su historia. Llegan ahora y entregan su información ahora. Toda la historia, pasada y futura, existe solo ahora.

Por eso es tan importante la forma en que vivimos justo ahora. Eso es todo lo que tenemos. Steve Jobs, cofundador de Apple, se preguntaba todos los días: «Si este fuera mi último día, ¿haría lo que estoy a punto de hacer hoy?», y si la respuesta era «no» demasiados días seguidos, revaluaba sus planes. A ver, pues, ¿cómo vas a vivir hoy?

FEBRERO

PRIMAVERA

LISTA DE REPRODUCCIÓN PARA LA PRIMAVERA

• *Here Comes the Sun* - The Beatles

• *Daydream In Blue* - I Monster

• *Arrival of the Birds* - The Cinematic Orchestra

• *Spring* - Bill Callahan

• *Spring 1* - Max Richter

• *Seasons of Your Day* - Mazzy Star

• *The First Days of Spring* - Noah And The Whale

*Siembro semillas de intención
para nuevos comienzos.*

*Me honro a mí, honro las
estaciones del año
y los ciclos de la vida.*

*Todo fluye. La única constante
de la vida es el cambio.*

MARZO

Tiempo para hablar. Hornear pasteles, preparar infusiones y conversar con los amigos pueden ser las mejores meditaciones.

REFLEXIÓN
ILUMINA EL DÍA

Abrir la casa para que entre más luz solar aporta muchos beneficios para tu salud y para el planeta: la calienta más y hace que resulte más confortable y feliz. Pero traer luz a nuestras mentes es tan importante como traerla a nuestros hogares. Por algo hablamos de «iluminar el día».

Al arrojar luz sobre nuestro paisaje emocional interno, podemos captar dónde sentimos estrés y dónde necesitamos espacio. En parte, alcanzar un mejor equilibrio consiste en reconocer dónde están nuestros límites. Es algo que debe hacerse conscientemente, mediante una comprensión de lo que nos resulta saludable en este momento: no indagar en nuestras emociones repetidamente y darles vueltas, sino simplemente reconocerlas a medida que surgen. Esto ayuda a desarrollar cierta agilidad emocional e iluminar la vida diaria. Podemos usar varios métodos para crear experiencias más pacíficas y positivas.

Cuando notes que vas con el piloto automático de la rutina, tómate cinco minutos para iniciar emociones positivas. Es probable que eso te ayude a añadir chispa al día que empieza, traiga consigo lo que traiga. Si a ello le añadimos el gesto de abrir las persianas y las cortinas, obtendremos una mayor posibilidad de aportar más calma al hogar.

MARZO

Cielo de la mañana, mundo de la mañana, hoy será un día brillante.

MOVIMIENTO

SECUENCIA DE YOGA PARA SALUDAR AL DÍA

DURACIÓN: 10-12 minutos
ESTILO DE YOGA: yoga vinyasa
BUENO PARA: despertar el cuerpo

Levántate y brilla como el sol mientras te mueves con esta rutina matutina de vinyasa, que te despertará y aumentará tu energía y concentración para el día.

Fluye de una postura a la siguiente y completa 2-3 respiraciones en cada postura (o 4-6 si el yoga es algo nuevo para ti). Recuerda que la colocación es más importante que la velocidad. Realiza 2 rondas más y luego fija tu intención para el día.

POSTURAS DE LA SECUENCIA

- La montaña
- Saludo hacia arriba
- Pinza de pie
- El perro hacia abajo

MARZO

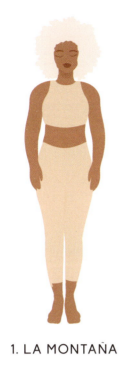

1. LA MONTAÑA

2. SALUDO HACIA ARRIBA

3. PINZA DE PIE

4. EL PERRO HACIA ABAJO

GRATITUD

GRATITUD POR EL JARDÍN

Una buena manera de calmar la ansiedad es sentir gratitud. La sensación de agradecimiento e incluso de asombro por la vida es una forma de atención plena, por lo que ayuda a calmar la ansiedad. Incluso un ataque de pánico se aplaca en cierta medida cuando nos sentamos y somos conscientes de lo que está sucediendo en ese preciso momento. Estoy vivo. Estoy sintiendo algo que no me gusta, pero estoy sintiendo.

Recuerda esto la próxima vez que estés de mal humor a causa del jardín. Tal vez haya muerto una planta, aún no sea hora de plantar o solo haya una mísera uva en la vid. Si bien puedes permitirte sentir frustración y decepción, también puedes cambiar ligeramente tu perspectiva para incluir la gratitud. Esa uva es realmente muy bonita, y la vid sigue viva. Dispones de tierra donde plantar más vides. Tienes un jardín con tierra donde cultivar. Entonces esa uva única se convierte en una celebración, en lugar de un motivo de malhumor.

MARZO

La jardinería se presta a la gratitud. Cada día hay algo emergiendo en el mundo: una nueva hoja, un racimo de huevos de mariquita o las primeras violetas de la primavera. ¿Por qué cosas estás agradecido?

REFLEXIÓN

COMIDA LENTA EN UN MUNDO RÁPIDO

Cocinar es una de las actividades más placenteras a las que nos enfrentamos a diario. Satisface nuestra necesidad de «hacer» a nivel práctico y ofrece un reto sensorial y estético. Posee el potencial de ser una actividad social: la preparación puede constituir un trabajo en equipo, los resultados son compartidos. Hacer cosas para comer es una tarea diaria perfecta para desarrollar un enfoque más consciente de la vida. Cocinar está a nuestro alcance y puede beneficiarse de una dosis de desaceleración y un régimen de concienciación. Lo que sea que cocinemos resultará mejor si se prepara sin estrés y con mucho tiempo.

LA ALEGRÍA DE COCINAR

Demos la bienvenida al placer meditativo de cocinar y estar alegremente vivos en el corazón de nuestro hogar. Sintamos el empoderamiento a medida que creamos, improvisamos, compartimos y participamos en la cordura de pequeñas tareas que aportan equilibrio a nuestro día.

En 1931, cuando Irma Rombauer publicó la primera edición de la guía clásica de Estados Unidos *The Joy of Cooking*, había muy pocos artilugios para facilitarnos el trabajo. Preparar la comida era una actividad tranquila, y los ingredientes, aunque limitados, eran en su mayor parte sanos y sin aditivos. De hecho, algunos de los procesos involucrados eran prácticas muy meditativas para un cocinero consciente de hoy: pasar verduras o frutas cocidas a través de un tamiz para crear un puré en lugar de usar un procesador de alimentos, o hacer pasteles y pan desde cero en lugar de comprarlos. El título de la obra es en sí mismo revelador. Para una viuda tenaz que se recuperaba de la reciente muerte de su marido, la decisión de embarcarse en la tarea de escribir un libro de cocina que se convertiría en el mejor amigo de muchas amas de casa estadounidenses muestra que la cocina es de por sí un gran lugar donde hallar renovación.

EL ARTE DE LA NUTRICIÓN

Cocinar nos ofrece la oportunidad de nutrirnos a nosotros mismos y a los demás. Hagamos que sea fácil, lo más fácil posible, mostrarnos tal como somos. En la seguridad del propio hogar, hagamos lo que podamos para apoyar el florecimiento de la persona que sentimos que realmente somos, en lugar de la persona que otros piensan que deberíamos ser. Olvidémonos de la forma en que nos presentamos y pongámonos manos a la obra para nutrir nuestra alma.

CULTIVAR BUENAS PRÁCTICAS

Para servir la comida que nutre, un ambiente familiar imbuido de la calidez de los seres queridos puede ser ideal. Igualmente, sin embargo, imagina llegar, al final de una larga y ardua peregrinación, y ser recibido por completos extraños con tazones de sopa caliente. Tal vez nunca hayas estado en aquel hogar, es posible que nunca hayas olido aquella sopa, pero sus ojos radiantes y amigables y su entusiasmo por ayudar podrían llevarte a sentir cómo te nutre aquella comida caliente que te revive. Deja de lado cualquier pensamiento sobre si el plato se preparó o no con los ingredientes que apruebas, y piensa solo en la necesidad de nutrición de tu cuerpo y en la salud, así como en la buena voluntad de quienes te cuidan. ¿Por qué no intentar cocinar una receta que te embarque en este viaje transformador?

OBSERVACIÓN DE ESTRELLAS

AURIGA

SIGNIFICADO EN LATÍN: *Cochero*

El Auriga forma parte del grupo de constelaciones de Perseo, relacionadas con el mito del héroe mitológico homónimo. Se la conoce como el Cochero, nombre que recibió porque sus estrellas más brillantes (incluidas Capilla y Menkalinan) creaban una forma que recordaba a los romanos el casco puntiagudo de un cochero.

Auriga es el Anticentro Galáctico, el punto en el cielo directamente opuesto al Centro Galáctico visto desde la Tierra. El Centro Galáctico es el centro de nuestra galaxia, la Vía Láctea (ubicada en la constelación de Sagitario). Debido a que se encuentra en la banda de la Vía Láctea, Auriga presenta muchos cúmulos abiertos brillantes que son objetivos fáciles para los telescopios aficionados. También alberga Capella (α Aurigae), la sexta estrella más brillante en el cielo nocturno.

MEJOR MOMENTO PARA OBSERVARLA

Auriga recuerda a los pastores que se quedan con sus rebaños en la ladera durante meses, viviendo en sintonía con la naturaleza y las estaciones, y probablemente conocedores del cielo nocturno. La vida de un pastor debe de ser dura y a menudo solitaria, pero su trabajo es simple: cuidar del rebaño. Hoy en día, muchos anhelamos una vida parecida a esa: más simple, en contacto con la naturaleza y con tiempo para sentarse y ser. Cuando la vida nos absorbe, a menudo son estas cosas simples las que eliminamos primero. Pero cuando dejamos de hacer cosas que nos nutren, nos agotamos y nos estresamos. Auriga nos recuerda que debemos ser más como pastores: simplificar las cosas, tomarnos tiempo y observar los ritmos de la vida.

DIARIO
CONECTA CON TUS SENTIDOS

1. Detente y respira un par de veces. Cierra los ojos y ábrelos de nuevo. ¿Qué ves? ¿Qué tienes delante y qué queda en la periferia de tu visión?

2. Concéntrate en lo que oyes. Incluso en una habitación tranquila puede escucharse algo a lo lejos: unas campanadas, el sonido de tus latidos, etc.

3. ¿Qué tocas? Piensa en lo que sientes al tocarlo e incluso en lo que sentirías si lo estuvieras tocando: la brisa, la silla en la que te sientas, una sensación física.

4. ¿Notas algún sabor? ¿Quizá el regusto de lo último que has comido o bebido?

5. Presta atención al olfato. Se trata de un sentido que suele ignorarse o pasar desapercibido. ¿Percibes con claridad aromas a tu alrededor? Si no, ahueca las manos frente a la nariz y la boca y describe lo que huelas.

MARZO

ESCRIBE

Lo que me encanta ver.
Lo que me encanta escuchar.
Lo que me encanta tocar.
Lo que me encanta saborear.
Lo que me encanta oler.

REFLEXIÓN
RAÍCES

Los jardineros siempre están echando raíces. Las plantas con las que nos asociamos las echan en busca de alimento y agua. Al cuidar las plantas, también echamos raíces dondequiera que las cultivemos. Las personas que se mudan se sienten a menudo más arraigadas al nuevo lugar plantando alguna hierba en una maceta del patio o en un alféizar. Los agricultores, por supuesto, arraigan tan profundamente en el lugar que este se convierte en parte de aquello que son.

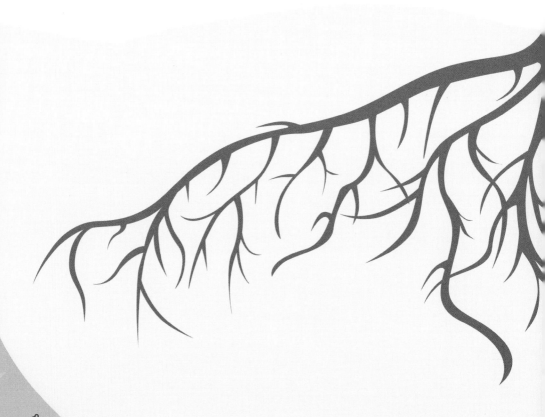

MARZO

Cuanto más larga sea la vida de la planta, mayor será la conexión y el compromiso con la tierra. Al plantar espárragos, árboles frutales o rosas, por ejemplo, te comprometes a una relación a largo plazo con la tierra. Mientras cuidas el suelo, la tierra te alimenta. Si tu huerto produce frutas y hortalizas, literalmente te conviertes en parte de la tierra al consumir los regalos de la tierra. Esta conexión es válida tanto para comunidades como para individuos. Cuando los vecinos crean un jardín comunitario, crean un terreno común. Todos nosotros arraigamos al echar raíces.

MEDITACIÓN
MEDITACIÓN DE ARRAIGO

Siéntate en un lugar donde no te molesten. Si es afuera, mejor, pero no es necesario. Apoyar la espalda contra un árbol o cerca de tu planta favorita sería perfecto para practicar esta meditación sobre tus propias raíces, pero un espacio donde sentarte en el suelo, en el interior o incluso en una silla, sirve. Cierra los ojos y siente tus huesos presionando contra el suelo. Observa cómo el suelo presiona contra ti. Ahora extiende tu conciencia más allá de esta conexión, sintiendo el espacio debajo de ti. Extiende tu conciencia abajo, hasta el suelo sobre el que te sientas. Siente cualquier cambio en tu cuerpo a medida que conectas tu energía con la tierra. En tu mente, contempla la imagen del Árbol de la Vida, con ramas que se elevan equilibradas por raíces profundas. Superpón la imagen sobre ti hasta que tú te veas como el Árbol de la Vida. Tu cuerpo es el tronco, tus ramas llegan al espacio de energía que te rodea y queda por encima de tu cabeza, y la energía que alcanzas hundiéndote en la tierra son tus raíces. Respira unos momentos como un gran árbol, conectando la tierra con el cuerpo y el cielo. Respira y confía en cualquier sentimiento que surja. Eres un ser arraigado a la tierra. ¿Qué sienten tus raíces hundidas en el suelo?

¿Resulta agradable echar raíces o sientes que ese arraigo te ata a un lugar? ¿Puedes abrir suavemente tus raíces energéticas al alimento de la Tierra? Permítete conectar profundamente con el suelo. Cuando hayas terminado, devuelve la energía a tu cuerpo, pero mantén la conexión mediante unos pocos hilos con la Tierra. Respira y recupera despacio tus sentidos normales.

MARZO

MANUALIDAD

CUENCO PARA VELITA

Una iluminación apacible es clave para crear el ambiente perfecto para una noche de autocuidado. Imagínate tomando un baño al cálido resplandor de las velas que bailan en sus flamantes recipientes nuevos, tal vez disfrutando de tu libro o podcast favorito: la manera perfecta de escapar del ajetreo cotidiano y crear una burbuja contemplativa.

El proceso repetitivo de crear agujeritos en cada cuenco para que escape la luz por ellos resulta calmante y terapéutico, una tarea ideal para enfocar una mente ocupada. Ni siquiera hacen falta herramientas especiales para arcilla; se puede usar cualquier objeto que se tenga en casa: prueba con las llaves o el extremo de una cuchara; te sorprenderá ver cómo los objetos domésticos más insospechados crean formas únicas y encantadoras.

SALEN 2

HERRAMIENTAS Y MATERIALES

- Tijeras
- 400 g (14 oz) de arcilla blanca de secado al aire (véanse las pp. 52-53)
- Papel film transparente
- Aguja de tejer
- Un vaso de agua
- Papel de lija fino

MARZO

INSTRUCCIONES

1. Con las tijeras, corta la arcilla en dos trozos, luego envuelve una mitad en papel film y guárdala para otro uso.

2. Con las manos, forma una bola con la mitad de la arcilla. Procura no trabajarla mucho para que no se seque y se cuartee después.

3. Practica un hueco con el pulgar presionando el centro de la bola, que se hunda dos tercios del grosor.

4. Sujeta el vasito en la palma de la mano y empieza a agrandar el agujero presionando con cuidado los laterales entre el pulgar y dos dedos. Trabaja así toda la circunferencia, girando el recipiente, para obtener un grosor homogéneo de arcilla. Sigue agrandando el hueco hasta que el grosor de los lados del cuenco sea de 5 mm-1 cm (¼-½ in).

5. Deja el cuenco sobre una superficie plana y presiona suavemente para allanar la base.

6. Si el borde queda desigual, puedes recortarlo con unas tijeras afiladas. Suaviza los márgenes pasando el dedo mojado con agua.

7. Luego, practica agujeros en los lados del cuenco para que la luz los atraviese. Para ello, pincha la arcilla con una aguja de tejer, sujetando el interior del cuenco de modo que no se hunda con la presión. Cuando los cuencos estén secos, pasa papel de lija fino para suavizar los márgenes.

SIENTE EL MOMENTO, RESPIRA Y LUEGO DA EL SIGUIENTE PASO

REFLEXIÓN
HILOS DE CONEXIÓN

El deseo de felicidad es algo que todos compartimos. Es nuestro objetivo personal común, y muchas cosas que hacemos día a día persiguen esta intención, aunque parezca que están poco relacionadas con ella. Tomar conciencia de nuestro deseo colectivo de felicidad nos permite quizás ver un poco más a través de los ojos de los demás. Podemos entender, por ejemplo, que la ira o el miedo que alguien experimenta puede deberse a que se ha desencadenado un instinto protector, que es la expresión del deseo personal de estar a salvo y, por lo tanto, de algún modo, el deseo de mantener la felicidad.

Ver este impulso no solo como un propósito personal, sino también compartido, puede ayudar a identificarnos con alguien, en lugar de sentirnos alienados cuando su comportamiento sea muy diferente al nuestro. Esto no siempre es fácil, y requiere que exploremos el trasfondo de la actitud de una persona para ver las cosas desde su perspectiva, pero es un paso valiente en busca de generar más compasión a la hora de ver a los demás.

> Todos somos hijos e hijas. Saber que todos lo somos y que hemos nacido de una madre refuerza la sensación de conexión humana.

CULTIVAR LA AMABILIDAD

Nuestra conexión como seres humanos puede experimentarse directamente si enfocamos nuestra meditación en la compasión. Pero en el día a día, cultivar la bondad no siempre es fácil. Con frecuencia interactuamos con la intención de llevar a cabo una tarea con éxito en lugar de comenzar por abrir nuestro corazón, establecer contacto visual y desear lo mejor a los demás a medida que avanzamos en nuestro camino. El esfuerzo de seguir siendo amable con los demás es una tarea diaria. Sin embargo, es útil recordar lo poderoso que puede ser mostrar nuestro interés por el bienestar de las personas. A través de nosotros, la bondad puede extenderse más allá y mejorar las vidas de niños, familias y comunidades, así como favorecer la ampliación de esta simple actitud de cuidado al mundo en general. Tómate tiempo para respirar y sentir tu conexión con todo lo vivo. Reparte amor para ti y para los que te rodean.

DIARIO
PON EN MARCHA UN CAMBIO CREATIVO

Aprovecha este ejercicio de creatividad para cambiar tu forma de pensar.

Elige una acción rutinaria que lleves a cabo a diario, por ejemplo, pasear al perro, preparar una infusión o leer el correo electrónico. Escribe un par de frases sobre esta acción.

Ahora imagina que tienes la sinopsis de la próxima gran película taquillera frente a ti. Debes crear un póster publicitario con gancho acompañado de una frase. Por ejemplo, si fuera preparar una infusión, podrías decir: «Era un día normal, una chica normal, ¡pero un instante tórrido estaba a punto de cambiarlo todo!». Usa tu creatividad y da rienda suelta a la imaginación. Puedes hacerlo mentalmente o plasmar tus ideas en un dibujo.

Cuando dedicas unos minutos a pensar creativamente sobre temas cotidianos, tu perspectiva cambia. Ves lo maravilloso que es el mundo y ejercitas la imaginación. También favorece un estado de ánimo positivo.

MARZO

RITUAL

RITUAL PARA LA PACIENCIA Y LA SABIDURÍA

Sé un pozo de paciencia y sabiduría con este sencillo ritual.

Si dispones de jardín, siéntate junto a un espacio con tierra. Si no, utiliza una planta en una maceta. También necesitas unas semillas de tu elección.

Cierra los ojos y respira profundamente. Imagina un rayo de luz que viaja desde el cielo, te da en la parte superior de la cabeza y te atraviesa. Imagina esta luz fluyendo en tus manos, a lo largo de las yemas de los dedos, infundiéndote energía creativa. Abre los ojos y hunde los dedos de ambas manos en el suelo. Tamiza la tierra con los dedos, como si estuvieras aireándola. Mientras, repite la frase: «Soy un todo con el universo, y parte de algo mucho más grande». Siembra las semillas y cúbrelas ligeramente con la tierra. Para terminar, riégalas, mientras repites: «Mi paciencia crece, como las semillas que siembro».

La acción de sembrar y luego nutrir las semillas refuerza la idea de que también cultivas cualidades como la paciencia y la comprensión. Esto, combinado con una afirmación repetida al regar las semillas, ayuda a reprogramar la forma en que piensas y sientes.

No hay prisa.

Todo ocurre en el momento ideal para mí.

La paciencia llena mi alma.

Mi sabiduría interior crece con cada aliento.

REFLEXIÓN
LA MAGIA DEL CANTO DE LOS PÁJAROS

De todas las especies de aves de nuestros bosques, sabanas y humedales, fueron los pájaros cantores, los paseriformes, quienes emergieron de su rama del árbol evolutivo más recientemente. Es hermoso para los seres humanos que esto sea así. Ahora podemos oír cantar al vehemente ruiseñor y al zorzal, al cenzontle y a la alondra: su canto realza nuestro periodo en la Tierra. Muchos poetas se han sentido conmovidos y han escrito acerca de un ave concreta: Walt Whitman, Keats y otros.

Un aspecto de aprender a vivir conscientemente es aprender a escuchar.

SINTONIZA CON LA NATURALEZA

Aprender a escuchar puede tener un efecto similar. El observador de aves en el mundo natural explora esta experiencia. La acción puede implicar cerrar los ojos durante unos minutos o, mientras caminamos, centrar la atención no en lo que ven los ojos, sino en lo que escuchamos. Tal vez lleguen a nuestros oídos sonidos de corral desde la lejanía, el zumbido de un avión que vuela alto, alguien cortando leña, el viento en los árboles, el ladrido de un perro, el golpeteo de la lluvia. Lo mejor de todo es el canto de los pájaros, cercano o en la distancia: una alondra que canta desde lo alto puede conmovernos. Casi siempre permanecemos sordos a estos sonidos.

El canto de los pájaros es un gran regalo; familiarízate con él y se abrirá un nuevo enfoque para la identificación de aves. A menudo será el canto del pájaro o un fragmento de su canción lo que revele su identidad. Existe una aplicación que se puede descargar en el móvil (aunque yo personalmente prefiero quedarme y escuchar el tiempo suficiente para construir mi propio sistema de referencia interno). Una vez consigues identificar un pájaro por su canto, no lo olvidas. Se convierte en una forma alternativa de conocimiento.

ABRIL

*Tiempo para conectar.
Componer música, escuchar
en canto de los pájaros
—y que ellos escuchen el tuyo—
y sencillamente estar presente.*

REFLEXIÓN
LA PLUMA

Busca una pluma. Sostenla en la mano, sóplala y déjala caer: observa cómo flota en el aire. ¡Tan ligera! La pluma, exclusiva de las aves, es un milagro de diseño eficiente. Dedica un momento a apreciar el misterio de una creación tan maravillosa.

La evolución creativa que hizo la pluma es algo notable. La tecnología humana no podría haber ideado nada mejor. Cuando contemplamos este fenómeno natural, somos conscientes del hecho de que vivimos nuestras vidas inmersos en un misterio viviente. Somos solo una rama del extraordinario surgimiento de la vida en el planeta.

ELOGIO DEL COLOR

El plumaje primaveral de las aves, con los machos en sus colores de cortejo, es bien conocido entre los observadores de aves. Aprendemos a identificar a las aves en su vestimenta tanto antes como después de su muda anual. Pero los nuevos colores brillantes de la primavera no siempre son el resultado de un nuevo crecimiento. El colirrojo real macho, por ejemplo, se muestra muy diferente y mucho menos distinguido en verano, y solo cuando los extremos de su garganta y las plumas del pecho se desgastan durante el invierno revelan su hermosa garganta negra y pecho rojizo primaverales. Es un cambio glorioso provocado por el desgaste.

ABRIL

Muchos de los plumajes más coloridos de la naturaleza, desde garcetas hasta águilas, de arrendajos a oropéndolas, de faisanes a exóticas aves del paraíso, son tan hermosos que se convirtieron en los adornos elegidos por los recién llegados evolutivamente: los seres humanos, con su inclinación por los sombreros y tocados de moda. La cola emblemática del pavo real (en realidad, las plumas codiciadas, ya que la cola verdadera, bastante ordinaria, se encuentra debajo), con sus bellos tonos verdes y azules, como ojos sorprendentes desplegados en forma de abanico, es un ejemplo de lo lejos que llega la naturaleza para dar a las aves un recurso ventajoso de competencia en el cortejo.

NATURALEZA
IRIDISCENCIA

La maravillosa variedad del color ayuda a identificar al dueño de una pluma hallada en el suelo: abigarradas o vermiculadas, barradas o simples, todas resultan hermosas, cada una a su manera. Pero existe un tipo de color de plumas que llama la atención de una manera sorprendente: la iridiscencia. Somos testigos de ella solo cuando se nos presenta desde un ángulo particular: sutilmente en el cuello de algunas palomas, vívidamente en los dorsos y alas de muchas especies de estorninos africanas, y en las gargantas, mejillas y píleos de muchos colibríes.

La naturaleza crea color en las plumas a través de pigmentos. El negro es especialmente resistente y aparece en las puntas de las alas de muchas aves, protegiéndolas del desgaste. La iridiscencia, sin embargo, se crea mediante unas nervaduras finas en la superficie de la pluma, que rompen las longitudes de onda de la luz y las reflejan selectivamente. Da la sensación de que el pájaro nos hace señales al mirarlo. Al observarlo, se crea lo que vemos; sin observador, no existirían sus colores.

ABRIL

MOVIMIENTO

EL BAILARÍN
Natarajasana

DURACIÓN: 2-3 minutos
ESTILO DE YOGA: yoga iyengar
BUENO PARA: mejorar el equilibrio y la concentración

Comienza en la postura de la montaña. Apoya tu peso sobre la pierna izquierda y aprieta abdominales. Inhala, levanta el pie derecho por detrás y agárralo por la parte exterior con la mano derecha. Junta las rodillas y extiende el brazo izquierdo paralelo al suelo, con la palma hacia abajo. Exhala, presiona el pie hacia atrás contra la mano y levántalo para llevar el muslo paralelo al suelo. Mantén las caderas rectas; no dejes que la cadera derecha se levante. Estira la mano hacia adelante mientras giras el torso y el pie derecho se eleva sobre tu cabeza. Para deshacer, lleva la rodilla derecha hacia la izquierda y baja el pie y el brazo. Repite con la otra pierna.

Mantén las posturas durante 10-15 respiraciones. Mientras practicas, visualiza un rayo esmeralda que emana del centro de tu pecho. Siente esta energía abriendo tu corazón y permitiéndote sumergirte en el mar de la fuerza emocional, el amor infinito, la empatía profunda y el perdón radical.

MODIFICACIONES

Para mantener el equilibrio, toca una pared o el respaldo de una silla con la mano delantera.

VARIACIÓN: AGARRAR EL PIE (NIVEL INTERMEDIO)

En la posición, lleva el brazo delantero hacia atrás y agarra la parte interna del pie.

ABRIL

1. LA MONTAÑA

2. EL BAILARÍN

GRATITUD
ABRAZAR EL AGRADECIMIENTO

Bendecir los alimentos antes de tomarlos es una expresión de agradecimiento que sucede en todo el mundo. Se hace cuando podemos dedicar un momento a reflexionar, a menudo como parte de un grupo, si se ha preparado una comida especial o grande, o si nos damos el tiempo para cocinar conscientemente. No parece automático ni habitual; más bien, después de una larga mañana en la cocina, el momento de bendición es una oportunidad para echar la vista atrás y reflexionar sobre lo que se ha logrado y agradecer a todos los involucrados: desde jardineros, cocineros, cabras, gallinas, hasta vacas y lombrices. Es un momento para ponerlo todo en perspectiva y disfrutar de la tranquilidad mientras miramos la comida que hemos creado juntos. Cuando bendecimos los alimentos, estamos expresando aprecio por lo afortunados que somos al formar parte de este continuo, estamos reconociendo que otros pueden no ser tan afortunados, lo cual nos hace sentir aún más agradecidos.

ABRIL

La comida es energía para mi mente, cuerpo y alma.

Siento agradecimiento por los alimentos que hay en mi plato.

Valoro la nutrición y el disfrute que esta comida me brinda a mí y a las personas con quienes puedo compartirla.

OBSERVACIÓN DE ESTRELLAS

URSA MAJOR

SIGNIFICADO EN LATÍN: *Osa Mayor*

El también denominado Carro se considera comúnmente una constelación, pero en realidad es un asterismo (un conjunto de estrellas) dentro de la constelación de la Osa Mayor. Estas siete estrellas –Alkaid, Mizar, Alioth, Megrez, Phecda, Merak y Dubhe– forman parte de la espalda y la cola del oso, que se supone hembra.

Para distinguir el resto del oso necesitarás un cielo oscuro, ya que las otras estrellas son mucho más débiles. El Carro también recibe los nombres de Cazo o Big Dipper. La Osa Mayor ha sido una importante herramienta de navegación durante siglos. Uno de los primeros hechos que tal vez hayas aprendido sobre el cielo nocturno es que el borde exterior del «cuenco» de la Osa Mayor te lleva a Polaris, la Estrella

del Norte: extiende la línea imaginaria que corre entre las estrellas de Merak y Dubhe hacia el cielo y, a aproximadamente cinco veces la distancia entre estas dos estrellas, encontrarás Polaris y, por lo tanto, el norte magnético.

UNA VISTA QUE CONECTA TODA LA HUMANIDAD

Cuando miramos hacia el cielo nocturno, no hay otra visión que podamos compartir con tantos otros. Los paisajes han cambiado a lo largo de los milenios, pero el cielo nocturno se ha mantenido más o menos igual. La asociación de la constelación de la Osa Mayor con un oso es testimonio de ello: es una conexión que debe haberse formado hace milenios, antes de que los humanos se extendieran desde Eurasia hacia América del Norte. Hace miles de años, la gente miraba hacia el cielo nocturno, al igual que lo hacemos hoy, y veía un animal salvaje. Puede parecer que nos separa el tiempo o la geografía, pero al fin y al cabo todos somos humanos.

REFLEXIÓN
SUELO

Podemos llamarle tierra y dependemos de la compleja matriz que representa este elemento en nuestras vidas. Hay plantas capaces de crecer en condiciones controladas de agua, pero gran parte de los alimentos que consumimos, y prácticamente todas las plantas terrestres productoras de oxígeno, crecen en la tierra. Oscura y con mantillo; arcilla espesa y rojiza; arcilla fina y blanquecina: la tierra se presenta en múltiples variedades, en función del lugar y su formación.

Se huele su historia simplemente recogiendo un puñado de tierra. Los metales y las rocas huelen a ácido y polvo, mientras que el dulce olor de la materia orgánica proviene de ciertos tipos de bacterias. La materia orgánica en descomposición, como unas hojas trituradas, huelen como el suelo húmedo y musgoso del bosque, los filamentos de las setas desprenden olor a hongos. El suelo que ha permanecido intacto y demasiado húmedo puede emitir un olor desagradable a descomposición, que proviene de la falta de oxígeno. ¿Qué dice el aroma de tu jardín sobre la tierra y el clima? ¿Qué imágenes te vienen a la mente cuando hueles tu tierra?

ABRIL

Podemos profundizar en nuestra comprensión del proceso de jardinería observando la red de relaciones que componen el suelo. No es solo tierra, sino una danza fluctuante de microbios, insectos, minerales, plantas e incluso nosotros mismos. Entendiendo y cultivando esta relación conscientemente, entramos también en nuestra rica oscuridad.

Toca, huele e incluso prueba la tierra, y tu cuerpo se hundirá más profundamente en la dimensión tierra del jardín. Sentirás mejor la complejidad de la vida, el dinamismo del suelo y el proceso de descomposición que conducen al crecimiento y la vida.

No solo el yin y el yang, sino el flujo entre ambos polos, los hilos de la red de relaciones que representa un jardín.

NATURALEZA

CONFECCIONAR BOMBAS DE SEMILLAS NATURALES

¡Hay múltiples recetas para hacer bombas de semillas y experimentar forma parte de la diversión! Las bombas de semillas son como jardines en miniatura: serán el primer terreno en el que crezcan las plántulas y deben suministrar nutrientes y ofrecer un buen drenaje, como un jardín en toda regla. Pueden llenar de hojas y flores paisajes urbanos o áreas descuidadas, lo que a su vez anima las visitas de polinizadores.

Algunas personas elaboran su propio compost de jardín a partir de desechos domésticos, como pieles de vegetales y restos de poda. Otros lo compran en el centro de jardinería o lo obtienen de sus jardines.

Ciertas recetas de bombas de semillas constan simplemente de compost empapado y semillas comprimidas en forma de bola, pero tienden a romperse al lanzarlas o al aterrizar, y las semillas quedan desprotegidas.

Es mejor usar algo para ligar la bola y hacerla lo bastante dura para que sobreviva al impacto con el suelo. Los ingredientes que uses deben ser hidrosolubles para que el agua pueda infiltrarse en su interior, llegar a las semillas y romper su latencia.

Algunas recetas usan pulpa de papel obtenida de cajas de huevos y desechos de papelería de oficina mezclada con compost. A medida que el papel se seca, lo une todo.

Otros ingredientes, como fertilizantes, hojas de té usadas o posos de café, proporcionan nutrientes para impulsar el proceso de germinación y promover el crecimiento vigoroso de las plantas.

ABRIL

La cantidad de semillas que uses depende del tamaño de la semilla: cuanto más grande sea, más compost y arcilla necesitarás agregar a la mezcla y mayor será la bomba para acomodarlo todo.

No escatimes semillas, pero sin derrochar, porque incluir demasiadas provocará hacinamiento y mala circulación de aire, y eso puede exponer a las plantas a enfermedades fúngicas como la podredumbre del tallo.

Sigue la receta de las pp. 112-113 para hacer tus propias bombas de semillas.

NATURALEZA
BOMBAS DE SEMILLAS

Para esta receta se usan ingredientes naturales: compost y arcilla. El compost ofrece nutrientes para que las semillas germinen y crezcan fuertes, y la arcilla compacta la bola y la hace suficientemente dura para no romperse cuando golpee el suelo.

SALEN 6

INGREDIENTES

- 5 cucharadas de compost para semillas
- 4 cucharadas de arcilla de terracota
- 1 cucharadita de semillas (nota: la medida se basa en el tamaño de las semillas de amapola; hay que añadir media cucharadita más al incrementar el tamaño de las semillas)
- 1 cucharadita de chile en polvo para disuadir plagas (opcional)
- 20 ml ($2/3$ fl oz) de agua
- Abono líquido (si el compost no contiene NPK)

UTENSILIOS

- Papel de cocina o 1 caja de huevos
- Un bol
- Una cuchara fuerte
- Un delantal (opcional)

CONSEJO
Al formar las bombas de semillas, mantén las palmas de las manos planas para que queden más redondas. Si ahuecas las palmas, obtendrás una forma algo parecida a una peonza. Usa los dedos para ajustar la forma a tu gusto.

ABRIL

INSTRUCCIONES

1. Añade el compost al bol.

2. Añade la arcilla en polvo, el chile en polvo (si usas) y las semillas.

3. Mezcla bien los ingredientes secos.

4. Agrega el agua poco a poco y ve mezclando hasta obtener una consistencia de masa que mantenga la forma (ni demasiado pegajosa ni demasiado seca).

5. Divide la mezcla en seis porciones.

6. Forma una bola con cada porción.

7. Coloca las bombas de semillas sobre algo absorbente, como papel de cocina o una caja de huevos, y déjalas secar 2-48 horas para que conserven la forma.

CÓMO UTILIZARLAS

Lanza las bombas de semillas cuando estén listas (si es la época del año adecuada); germinarán más deprisa porque aún están húmedas.

Si no, puedes conservarlas hasta dos años o más, aunque algunas semillas pueden no germinar si pasa demasiado tiempo, en especial las hortalizas. Las semillas se mantendrán en fase latente hasta que se activen con agua.

DIARIO
REGRESAR AL PASADO

Nuestras vidas son fuente de un rico material y vale la pena profundizar en ellas para encontrar gemas que enriquecerán nuestros escritos. Algunas personas podrían considerar que su vida ha sido bastante mundana, demasiado ordinaria para ser de interés para los lectores. Pero cada vida está llena de maravillas. Hemos conocido personas, visitado lugares y vivido experiencias que nos han fascinado, y solo hay que transmitirlo por escrito para que los lectores queden igualmente fascinados. Cuando expresamos en palabras la impresión de nuestros recuerdos, desarrollamos habilidades que fortalecerán el poder de nuestra escritura.

Muchas personas desean escribir la historia de su vida para que la lean sus familiares, pero ya resulta un ejercicio gratificante por sí solo.

Podemos presentar nuestra vida como si fuera una historia ficticia, introduciendo «marcadores» que proporcionen estructura. Volveremos a las preocupaciones de nuestra infancia y adolescencia, tratando de recordar cómo nos sentíamos de jóvenes. Recordaremos lo importantes que eran entonces nuestros placeres y preocupaciones, que ahora tal vez consideremos triviales.

Volveremos a visitar a las personas que hemos conocido: a quienes no hemos visto en años, a quienes marcaron nuestra vida y a quienes conviven con nosotros. Al fin y al cabo, la historia de nuestra vida no es solo el pasado, también es el presente y aquello sobre lo que decidimos escribir ahora.

MARCADORES

Escribir sobre nuestras vidas es una excelente manera de desarrollar habilidades de escritura. Pero escribir toda una historia de vida plantea la cuestión de qué incluir y qué dejar fuera. Como escritores, debemos hacer que sea una lectura interesante. Entonces, como cualquier narrativa, nuestra historia necesita forma y estructura. La estructura la puede proporcionar la inclusión consciente de puntos de interés, o «marcadores narrativos» que pueden ser recurrentes y mantienen la atención del lector. Estos marcadores podrían referirse a intereses y actividades particulares, familia, viajes, salud o estudios. Utilizar uno o más marcadores crea un patrón para la historia. Dará perspectiva a los eventos cronológicos, a la descripción de personalidades, a los relatos de los años de estudio y demás. Los marcadores también pueden ofrecer su propia narrativa, ya que un interés se convierte en una carrera, un problema se supera, una meta se alcanza.

Escribe una lista de «marcadores» recurrentes de tu vida. Pueden evocar recuerdos felices, difíciles o ambos. Hazlo de manera específica: por ejemplo, escribe «cirujano cerebral» o «asistente de ventas» en lugar de «mi trabajo». No lo pienses demasiado; no necesitarás usarlos todos, y escribir una lista rápida te ayudará a incluir ideas útiles que no se te ocurrirían con demasiada reflexión.

REFLEXIÓN

ALIMENTAR LA DANZA DE LA VIDA

Cuando hundimos una pequeña semilla en el suelo, plantamos una oración. Pedimos al suelo que proteja y nutra esta semilla de vida. Luego agitamos nuestra varita mágica, aquella de la que sale agua, y susurramos un hechizo que desencadena una serie de relaciones que conducirán a una ensalada o una sopa en nuestra mesa. Oramos: «Crece». El suelo envuelve con su húmeda oscuridad esta pequeña semilla, esta promesa, y cuando se rasga su piel y se extiende con un delicado filamento de raíz, el suelo dice que sí. Las raíces se aferran a pequeñas partículas de arena y piedra, y la tierra las abraza. Afirma la vida del brote, manteniéndolo en su lugar y tiempo. Lo alimenta con nutrientes y agua en la cantidad justa. Poco a poco, el brote se convierte en una plántula, luego en una planta, y produce finalmente un fruto. Favorece todo este crecimiento la tierra que rodea las raíces.

Alimentamos la danza de la vida cuando elaboramos tierra para el jardín. Agregar compost, estiércol y minerales alimenta la red de bacterias, hongos, nematodos y lombrices. Eventualmente, este cuidado repercutirá en macroorganismos a medida que el suelo alimente a las plantas y las plantas alimenten a los animales, incluidos los humanos.

El suelo nutrido, junto con los minerales presentes desde antes de que comenzara la vida en la Tierra, alimenta esa semilla que plantaste. La mantiene y nutre como una madre a su hijo. Como hija de la Tierra, la planta crece grande y fuerte, y llega a lo profundo de esta red de apoyo. Solo con un fuerte apoyo también puede mantenerse erguida y alcanzar el cielo, como un bailarín, fuerte y ágil. Al final, la planta está lista para entregarse al flujo de la vida.

ABRIL

Cuando arrancas una zanahoria, sacudes la tierra y se la entregas al vecino, estás participando en las vastas hebras de vida que comienzan en el suelo.

Tal vez nosotros también sentimos un apoyo similar cuando participamos en este baile. El suelo nos sostiene. Literalmente sostiene nuestro peso. Nutre nuestros alimentos, que a su vez nutren nuestros cuerpos. Acepta lo que le damos, y nos devuelve el regalo de las cosas verdes y en crecimiento. Gracias a la compleja oscuridad del suelo vivo, gozamos de la sombra del roble, la dulzura de las fresas e incluso cada soplo de aire fresco. Y cuando nuestro viaje esté completo, las células que componen nuestros cuerpos regresarán al suelo, entregando nuestro alimento al ciclo de la vida.

MANUALIDAD
ABRECARTAS DE MADERA

Este abrecartas es un simple cuchillo de doble filo que se estrecha hasta una punta afilada. Las herramientas en forma de cuchillo son valiosas en la casa. Ya sea una espátula improvisada para mezclar pegamento o un utensilio de cocina para raspar, esparcir o servir, una herramienta de madera corta y plana es a menudo justo lo que se necesita. Además, un abrecartas te recuerda lo agradable que es recibir cartas escritas a mano. Una vez que hayas terminado el abrecartas, ¿por qué no escribir una carta o una postal a un amigo o ser querido?

SALE 1

HERRAMIENTAS Y MATERIALES

- Cuchillo para talla
- Taco de madera delgado rectangular, de aprox. 2,5 × 1,2 × 18 cm (1 × ½ × 7 in)
- Lápiz
- Papel de carta y sobre o postal (opcional)

ABRIL

INSTRUCCIONES

1. Con el cuchillo, limpia la madera y deja la superficie lisa y recta. Con el lápiz, marca un borde curvo que se estreche hacia un punto en un extremo. Para mantener la simetría, puedes hacer una plantilla con una tarjeta doblada para que cada lado sea el reflejo del otro. Talla la forma cónica, dejando los bordes gruesos y cuadrados.

2. Para crear un borde afilado a cada lado de la hoja del abrecartas, talla un par de facetas o biseles a cada lado de la hoja. Dibuja una línea central a lo largo de la cuchilla, con un corte cóncavo para suavizar el lugar donde la cuchilla se encuentra con el mango. Trabajando desde el mango hacia la punta de la hoja, talla cada uno de los biseles.

3. Sigue tallando los biseles, procurando crear bordes delgados y afilados y una línea central nítida. Intenta crear curvas simétricas en el extremo del mango, para que la unión con la hoja quede bonita.

4. Suaviza con cuidado los bordes cuadrados a lo largo de cada lado del mango rectangular.

5. Acaba el extremo del mango eliminando los bordes afilados con pequeños cortes.

MEDITACIÓN
LA ATENCIÓN PLENA COMO HÁBITO

La frase «la fuerza de la costumbre» se refiere al impulso inherente que tiene un hábito. Una rutina regular nos crea familiaridad y se gana un peso propio con el tiempo. Las rutinas que establecemos acaban convirtiéndose en hábitos automáticos, y eso incluye prácticas planificadas intencionales de atención plena o mindfulness.

De forma natural, crearemos hábitos y rutinas. Sin embargo, con la autoconciencia de la atención plena, podemos poner más intención en la forma de crear nuestros hábitos y rutinas, para ayudarnos en las prácticas académicas y nutrirnos en el camino. Las rutinas que ya están fijadas pueden llegar a ofrecer un poder calmante si las aprovechamos para tranquilizar la mente y estar completamente presentes. Estos momentos pueden ser las pausas que marcan la rutina diaria y crean pequeñas ventanas para mirar hacia nuestro interior.

ABRIL

RITUAL
LA MAGIA DE LOS RITUALES

Del mismo modo que las rutinas con el tiempo se convierten en hábitos, también los hábitos pueden convertirse en rituales, si se llevan a cabo consciente y solemnemente, con reverencia y lentitud. Los rituales diarios son como descansos durante nuestra navegación a través de los días ocupados: microeventos de magia que esperamos con ganas, que crean una sensación de calma y conexión con la tierra.

Podemos convertir cualquier tarea mundana en un ritual si la realizamos con la mentalidad apropiada. Solo necesitamos llevar nuestra conciencia presente a las acciones, a nosotros mismos y al espacio y los objetos que nos rodean, y prestar atención como si estuviéramos deleitándonos. Por ejemplo, tomar el sol en la esterilla de yoga mientras llevamos a cabo unos estiramientos para sintonizar con nuestro interior. O preparar un té o un café y tomarlo en el exterior, inhalando su aroma, sintiendo su calor en las manos a través de la taza de cerámica, sorbiéndolo lentamente y observando la brisa balancearse entre los árboles.

ABRIL

Cuando se aprovechan para interrumpir una tarea larga y laboriosa, los momentos de atención plena nos nutren y calman el alma.

REFLEXIÓN
SALUDAR EL ALBA

Levántate temprano, muy temprano, cuando todavía esté oscuro, y presencia una de las grandes maravillas del mundo natural: el amanecer. Después de unas horas sin comer, a menudo acurrucados contra el frío, los pájaros se despiertan y cantan al amanecer. En la ciudad y en el campo, proclaman el día desde la copa de los árboles y las chimeneas, en el bosque y en campo abierto, especialmente en primavera. El volumen del sonido puede ser sorprendente. Y como el observador de aves sabe, la madrugada puede ser el mejor momento para observar a las aves, despiertas y alimentándose.

En la mitología de los indios americanos, el amanecer se tenía por un acontecimiento especial. El mito apache de la creación de Jicarilla relata cómo el más poderoso de los seres espirituales, Black Hactcin, después de crear los animales, creó el primer pájaro mezclando tierra con una gota de lluvia. Esto agradó a Black Hactcin, así que decidió que el pájaro necesitaba compañeros. Lo agarró por las patas y lo giró en el sentido de las agujas del reloj hasta que lo mareó y su cabeza se llenó de imágenes extrañas y formas oníricas. Cuando el ave se recuperó, los sueños habían tomado forma, y allí estaban todos: águilas y gorriones, halcones y garzas, colibríes, vencejos y cuervos.

ABRIL

Los pájaros enseguida temieron que un día Black Hactcin los dejara, por lo que pidieron un compañero para cuidarlos, un ser humano. Black Hactcin accedió a la solicitud y envió a las aves y animales a buscar todos los materiales necesarios: arcilla blanca, azabache negro, piedra roja, ópalo, ocre rojo y nubes oscuras para el pelo. Luego marcó un contorno en el suelo, un contorno como él, y dispuso todos los materiales en él. Invocó al viento para que entrara en la forma moldeada y el viento dejó espirales en las yemas de los dedos por donde entró en el cuerpo.

Mientras sucedía esta magia, Black Hactcin había ordenado a los pájaros y animales que no miraran, pero los pájaros, gorjeando de emoción, no pudieron resistir la tentación y miraron, haciendo que la magia saliera un poco mal (¡por eso algunos de nosotros parecemos un poco extraños!). Sin embargo, todos estallaron en una canción exuberante cuando el primer humano cobró vida, como todavía lo hacen todas las mañanas al amanecer.

MAYO

Tiempo de ser. Picnics, rayos de sol y cielos mágicos señalan las significativas experiencias que están listas para ser vividas.

REFLEXIÓN

MINDFULNESS PARA LA ERA DE LA INFORMACIÓN

LA TECNOLOGÍA COMO ALIADA

Debemos reconocer los posibles efectos negativos de la era de la información, pero también podemos hacer uso de la tecnología para ayudarnos a ser más conscientes.

Algunos estudios han demostrado que entre 2000 y 2015 la capacidad de atención de un ciudadano occidental medio se redujo de 12 a 8 segundos. Aquí es donde la atención plena puede ayudar. Cuando meditamos y centramos la atención en algo, notamos cada vez que esta atención se desvía y la traemos de vuelta. Así, la atención plena resulta una buena práctica para entrenar las habilidades de concentración.

El maestro zen Thich Nhat Hanh abogó por configurar una alarma cada 15 minutos para recordarte que debes vivir el momento presente. Ahora existe toda una gama de aplicaciones de meditación guiada que dan acceso a grabaciones de maestros y registran cuántos minutos has meditado. Otras tecnologías permiten un seguimiento de los patrones de respiración a lo largo del día, del ritmo cardíaco y la variabilidad de la frecuencia cardíaca (una medida del estrés y los periodos de calma). Todas estas herramientas nos pueden ayudar a ser más conscientes si se usan de manera correcta.

La próxima vez que el teléfono suene o vibre, observa la compulsión de verificarlo. Nota cómo la mano se dirige automáticamente al bolsillo. Fíjate en el anhelo impaciente de saber quién está contactando contigo. ¿En qué parte del cuerpo lo sientes más? ¿Cómo cambian estos sentimientos cuando los reconoces, sin mirar tu teléfono? Usa todo ello como recordatorio para reconectarte con el momento.

MAYO

MOVIMIENTO

MEDIA TORSIÓN SENTADA
Ardha Matsyendrasana

DURACIÓN: 2-3 minutos
ESTILO DE YOGA: hata clásico
BUENO PARA: restaurarte

Comienza sentándote, con las piernas dobladas, los pies apoyados en el suelo. Coloca el pie izquierdo debajo de la pierna derecha con el talón al lado de la cadera derecha. Pisa la esterilla con la planta derecha junto a la parte externa del muslo izquierdo. Inhala, alarga la columna y coloca la mano derecha sobre la esterilla detrás de ti. Exhala y gira hacia la derecha, envolviendo la rodilla con el brazo izquierdo. Mira por encima del hombro derecho y asiéntate con el hueso pélvico derecho. Para deshacer, exhala y vuelve al centro. Suelta las piernas y repite con la izquierda.

MODIFICACIONES

Si la pelvis se levanta del suelo, endereza la pierna inferior. Siéntate sobre una manta doblada para alargar la columna.

VARIACIÓN: GIRO CON UNIÓN (NIVEL INTERMEDIO)

Pasa el brazo izquierdo por la parte exterior del muslo derecho a través del hueco. Alarga el brazo derecho rodeando la espalda y junta las manos, o usa una cinta para conectarlas.

MAYO

MEDIA TORSIÓN SENTADA

GRATITUD
GRATITUD REAL

La gratitud nunca puede ser forzada; habrá momentos en que sepamos que debemos estar agradecidos, e incluso podamos expresarlo con palabras, pero por dentro no lo sintamos. La gratitud se reduce a un acto, un poco falso, y por dentro nos perdemos algo y tal vez deseemos que un día sintamos algo más digno: un sentimiento satisfactorio y sincero de agradecimiento.

El mundo natural, con toda su belleza, da y promueve la gratitud, siempre y cuando estemos abiertos a las oportunidades que ofrece. El don de la gratitud es involuntario y brota del interior con alegría. Cuando esta bendición espiritual nos llega, hacemos bien en darle la bienvenida y fomentarla, reconocer que se nos brinda algo bueno y decidir buscarlo con más frecuencia. Podemos estar agradecidos por sentirnos agradecidos.

MAYO

NATURALEZA
BOMBAS DE SEMILLAS PARA MARIPOSAS

Según la asociación para la conservación de las mariposas Butterfly Conservation (butterfly-conservation.org), las mariposas y polillas son parte fundamental de nuestro patrimonio y son indicadores de un medio ambiente saludable. Es importante cultivar plantas que les aporten alimento desde que salen de la hibernación en primavera hasta el otoño, cuando necesitan acumular sus reservas de energía para el invierno. El uso de semillas de variedades favorables para las mariposas en las bombas de semillas dará lugar a plantas que proporcionarán refugio para la hibernación, un espacio donde poner huevos, alimento para las larvas (orugas) y néctar para las mariposas.

Sigue la receta de las pp. 112-113 y emplea una combinación de las siguientes semillas para crear una bomba de semillas buena para las mariposas.

PLANTAS ESPECIALES PARA LAS MARIPOSAS

- Dedalera (*Digitalis purpurea*)
- Borbonesa (*Silene dioica*)
- Margarita (*Leucanthemum vulgare*)
- Aciano negro (*Centaurea nigra*)
- Escabiosa (*Knautia arvensis*)
- Candelaria (*Agrostemma githago*)

MAYO

NATURALEZA

MANZANILLA
Matricaria chamomilla

La manzanilla se cultivaba ya en el período Neolítico y se ha utilizado durante siglos como planta medicinal curalotodo. Es una gran compañera, ya que sus flores fuertes y aromáticas atraen insectos beneficiosos que se alimentan de plagas depredadoras como los pulgones. Mayo es el mes perfecto para lanzar o plantar semillas de manzanilla.

TALLOS Ramificados, erectos, suaves.

HOJAS Largas, estrechas y alternas, pueden cosecharse para usos medicinales.

FLORES De centro amarillo, en forma de panal, rodeado de 10-20 pétalos blancos. Cosecha las flores para usos medicinales cuando se abran. Empléalas frescas o secas. La flor se convierte en semillas en 20-35 días.

SEMILLAS Alargadas, de 1 mm ($1/25$ in), de color marrón claro y estriadas.

USO DE LAS BOMBAS DE SEMILLAS Abril-mayo y agosto-septiembre.

GERMINACIÓN 1-2 semanas.

COSECHA DE SEMILLAS Maduran de julio a septiembre.

CUIDADOS DE LA PLANTA No cortes las hojas antes de la floración, ya que la producción de flores se reducirá notablemente. Para eliminar pulgones, rocíala con un chorro de agua potente.

MAYO

PLAGAS Y ENFERMEDADES Puede sufrir el ataque de pulgones, que atraerán mariquitas hambrientaso, raramente, enfermedades como la roya, el mildiu de la vid y el oídio.

USOS CULINARIOS Y MEDICINALES La manzanilla posee propiedades calmantes y se emplea para aliviar el nerviosismo, la ansiedad, la histeria, cefaleas, indigestión, dolores estomacales, resfriados y gripe. Además, se emplea como cataplasma para inflamaciones, torceduras y moratones. Déjala reposar 15 minutos y tómala para dormir mejor.

FAMILIA Asteráceas/Compuestas.

NATIVA DE Europa del Sur.

ALTURA/TAMAÑO 60 × 40 cm (23$^{5}/_{8}$ × 15$^{3}/_{4}$ in).

HÁBITAT Junto a caminos, vías de tren, campos baldíos, prados, campos de cultivo.

CONDICIONES Pleno sol/sombra parcial.

TIERRA La mayoría de terrenos; tolera suelos pobres.

FORMA DE LAS HOJAS Superiores: bipinadas; inf.: tripinadas.

FLORACIÓN Mayo–agosto.

FORMA Erecta.

CICLO DE VIDA Anual.

POLINIZACIÓN Insectos.

OBSERVACIÓN DE ESTRELLAS

POLARIS

SIGNIFICADO EN LATÍN: *estrella polar*

La estrella Polaris, ubicada al final de la constelación Ursa Minor (Osa Menor), se encuentra casi en línea recta con el eje de rotación de la Tierra, marcando el Polo Norte Celeste y convirtiéndola en la estrella polar del hemisferio norte.

Todos necesitamos una estrella polar, un punto de navegación que permanezca quieto en el torbellino de la vida. Ese punto puede ser nuestro hogar, un compañero, un viejo amigo, un maestro espiritual o un libro. A menudo no nos damos cuenta de lo importante que es nuestra estrella polar hasta que la perdemos. En períodos de grandes cambios, como el duelo, el divorcio o una mudanza, necesitamos esa ancla que nos mantenga firmes mientras las olas rompen a nuestro alrededor.

Sin ella, no contamos con un punto de referencia fijo, ni una brújula emocional, ni estabilidad. Dedica un momento a valorar quién o qué actúa en tu vida de estrella polar, y cómo te ha ayudado a lo largo de los años a capear las tormentas de la vida.

REFLEXIÓN
ESPECTÁCULO NOCTURNO

Siempre debemos estar atentos al comportamiento de las aves antes de la puesta del sol: suceden muchas cosas mientras se preparan para la noche, encuentran refugio, atrapan un último bocado antes de las horas de ayuno forzado. Algunos comportamientos sorprenden: en un paseo invernal por Europa es posible dar con una bandada de pinzones hembra en un arbusto espinoso, todos mirando hacia el oeste mientras sus plumas esponjosas absorben los últimos rayos del sol poniente, compartiendo una necesidad comunitaria de calentarse antes de la noche.

Las bandadas vespertinas de estorninos se han vuelto muy populares, ya que cientos de miles de aves, con gran estruendo, hormiguean y bailan en formación en el cielo del atardecer. Se convierten en uno, una mancha oscura misteriosamente unida como por telepatía: un ser vivo, cambiante, parecido a una ameba, que gira y gira a gran velocidad al unísono en la luz que se desvanece. Por qué lo hacen y cómo logran su aerodinámica sigue siendo un misterio del que solo podemos maravillarnos. Y luego, de repente, como en respuesta a una instrucción oculta, el espectáculo llega a su fin y los pájaros caen del cielo para descansar ruidosamente en un cañaveral o debajo de un muelle junto al mar.

MAYO

Dondequiera que vivas, habrá algo que buscar, una actuación nocturna, mientras las aves se preparan para la noche. Si vives cerca de un estuario fluvial, el cielo nocturno se convertirá en un río de gaviotas mientras reman perezosamente hacia el mar por la noche, al final de un día alimentándose en los campos. En otoño, en particular, se les unen grupos chismosos de gansos canadienses que se dirigen en la misma dirección, apuntando a los prados acuáticos y marismas donde posarse con seguridad, lejos de zorros y otros depredadores; el grupo ofrece seguridad. En invierno, se acompañan de otras especies de gansos migratorios y muchos tipos de patos, por lo que el cielo nocturno se convierte en un breve remolino de actividad. Formas negras dispuestas en formación recortadas contra el cielo del atardecer.

DIARIO
DIARIOS ARTÍSTICOS

Los artistas recopilan, interpretan y reconfiguran. Por mucho que lo intentemos, el enigma de lo que sucede dentro de nosotros a lo largo del proceso creativo no se puede explicar. Los diarios artísticos pueden ser una herramienta para tomar conciencia de nuestra práctica artística. Al igual que en un rompecabezas, a veces no sabemos dónde encajan todas las partes o cómo se unirán, simplemente trabajamos diligentemente hasta que damos sentido a las piezas y su relación entre sí. Con un diario, mantenemos un registro de estas piezas a medida que nos llegan.

¿Cuántas veces hemos tenido ideas maravillosas que se han evaporado? Al igual que los sueños, tales momentos de inspiración pueden ser efímeros. Llevar un diario y añadir notas, bocetos e ideas cada día es una forma de sintonizar conscientemente con esos momentos que de otro modo escaparían. Cuando escribimos o esbozamos estas observaciones, podemos incluir detalles que tal vez no recordemos más adelante. El acto de registrar esos destellos experienciales a mano los concreta de una manera que no sería posible si tomásemos una fotografía o tratásemos, por ejemplo, de memorizarlos.

EL DIARIO COMO OBJETO ARTÍSTICO

El diario artístico puede convertirse en una especie de obra de arte en sí mismo. Puede liberarnos de la presión de un lienzo blanco y, como tal, termina formando una instantánea artística imperfecta y no resuelta de nuestros métodos, procesos y técnicas, los experimentos y fuentes de inspiración, los deslices y las tentativas frustradas. Cada aspecto de lo que iniciamos posee su propio arte y todos juntos se convierten en un elemento creativo fascinante y, a menudo, hermoso. Algunos artistas se centran en la creación de diarios de arte como producto artístico.

Un diario puede incluir cualquier cosa, y por esta razón puede ofrecerte la ocasión de abrirte al empleo de procesos y materiales que quizás nunca habías considerado. Tal vez podrías crear un collage con trozos de bocetos plasmados en las servilletas de un café, o recortar algo de un periódico o revista. Usa los posos de café de la mañana y remuévelos con el dedo. Agrega texturas a las páginas colocándolas bocabajo y frotándolas para crear relieve. Pliega pequeñas grullas de origami con billetes de autobús y métalas en un sobre al final del diario. Cuanto más tiempo le dediques, más crearás y jugarás con el mundo que te rodea.

VISUALIZACIÓN
HOLA, ARCOÍRIS

Cuando te sientas estresado y necesites calmarte y distanciarte de una situación, prueba a visualizar lo siguiente dondequiera que estés.

Para comenzar, encuentra una imagen de un arcoíris y concéntrate en él durante un par de minutos. Luego, cierra los ojos e imagina que te has sentado debajo del arco del arcoíris de tu imagen. Siente el calor del sol en la parte superior de tu cabeza, infundiéndote paz.

Con cada inhalación y exhalación, el arcoíris se amplía, sus colores se extienden y se vuelven más brillantes. Continúa respirando profundamente e imagina el arcoíris descendiendo del cielo hasta tocarte la cabeza. Lentamente te envuelve, cubriéndote de pies a cabeza en su abanico de tonos vivos. Te empapa de todos sus colores. Cuando inhalas, absorbes la energía edificante de cada rayo. A medida que exhalas, liberas todo el miedo, la preocupación y el estrés.

Ahora emerge del arcoíris, sacude brazos y piernas y haz un repaso mental de tu cuerpo. Debes sentirte un ser ligero, centrado, tranquilo y relajado.

La respiración lenta y profunda calma el cuerpo y la mente, y en particular es poderosa cuando se combina con una visualización que usa color y luz.

MAYO

Guardo serenidad en mi alma.

Me envuelve un arcoíris de luz.

La calma me envuelve.

Me elevo por encima del estrés.

NATURALEZA
HOJAS

Las hojas están elegantemente elaboradas en formas y tamaños diferentes con el objetivo principal de cosechar luz. Deben ser planas, delgadas y translúcidas (para permitir que la luz llegue a las células más internas). Deben tener tallos, que pueden desarrollarse en un patrón opuesto o alternado en el tallo y elevar las hojas a posiciones donde puedan seguir el movimiento del sol durante todo el día.

Hay una diversidad ilimitada en las características de las hojas. Algunas son simples y otras se dividen en foliolos; algunas tienen márgenes foliares enteros, dentados u ondulados. Estos rasgos los utilizan los botánicos para identificar y describir una planta. A continuación se presentan algunos ejemplos de formas y patrones foliares que se encuentran en la naturaleza. ¿Qué tal un paseo por un parque para ver cuántas reconoces? Concéntrate en el detalle, apreciando las diferencias y similitudes de cada hoja.

OPUESTAS

ALTERNAS

PINADAS

MAYO

LOBULADA

ACORAZONADA

OBLICUA

OBLANCEOLADA

LANCEOLADA

OBLONGA

PALMEADA

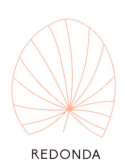
REDONDA

GRATITUD
MARAVILLOSA PUESTA DE SOL

Hay un flujo y reflujo de vida en los cielos crepusculares. Las golondrinas y los aviones realizan sus últimas incursiones en busca de insectos en la luz que se desvanece; los chillones vencejos cortan el aire por última vez antes del anochecer. En cuanto las aves se retiran a descansar, en sus nidos o en cables, o durmiendo en el aire si son vencejos, el cielo oscuro vuelve a habitarlo, esta vez, el turno de noche: pequeños mamíferos voladores, murciélagos, a la caza de polillas, mosquitos y otros insectos que frecuentan la oscuridad.

Todos –pájaros, murciélagos y humanos– compartimos el mismo aire nocturno y, sin embargo, qué diferentes son nuestros mundos. Al detenernos y respirar el aire vespertino y luego nocturno, nos volvemos más conscientes del mundo que habitamos, asombrados tal vez de no tener ningún papel en nuestra propia existencia sobre el planeta. Estamos aquí en el momento presente y solo podemos sentir placer y gratitud.

MEDITACIÓN
RESPIRACIÓN CONSCIENTE

Encuentra un lugar ideal para practicar este ejercicio de respiración con atención plena. Es una práctica antigua y representa una de las formas más simples de meditación, accesible a todos: sanos y enfermos, ancianos y jóvenes, atribulados y tranquilos, religiosos y no religiosos. Hace más de dos mil quinientos años, Buda enseñó conciencia plena (sammasati) a sus seguidores como el séptimo elemento del Sendero Óctuple. Quería que despertaran en este mundo problemático y transitorio y vieran las cosas como realmente son. Enfocarse en la respiración es comenzar el proceso de iluminación y crecimiento en sabiduría.

Siéntate con las piernas cruzadas en el suelo, la espalda recta (sin que resulte incómodo), los ojos relajados, mirando lo que esté frente a ti. Luego inhala, lentamente, de forma natural y un poco más profunda de lo habitual. Siente el aire llenando tus pulmones; sé consciente de lo necesario que es para tu cuerpo el oxígeno vivificante, y mantenlo allí un momento sin tensión. Ahora exhala tan lentamente como te sea posible, sin forzar. Repite varias veces, tantas como necesites, con la atención centrada en la respiración. Descarta en silencio los demás pensamientos, diles que regresen más tarde. Aquí estás, ahora, en este momento presente, feliz de estar donde estás, disfrutando de nada más que el aliento vivificante que fluye dentro y fuera de tus pulmones.

DIARIO
PERSONAS

Volvamos y reunámonos con personas que has conocido en el pasado. Tal vez amigos con quienes jugaste en la infancia o viejos amigos con los que todavía quedas. Quizás miembros de la familia queridos, pero que han muerto. O alguien a quien no conocías mucho, pero que te alentó y apoyó y al que nunca has olvidado.

Cuando pensamos en las personas que amamos, que han compartido algo con nosotros, han sido amables o nos han hecho reír, rara vez pensamos en su apariencia. Esta es una lección al escribir personajes. La apariencia no suele ser de gran importancia (aunque una peculiaridad en la forma de vestir, por ejemplo, una bufanda roja o una chaqueta de lana, pueda servir de «marcador» útil). Es mejor recurrir a algo más indicativo de la personalidad para darle vida a una persona. Tal vez le encantara la jardinería, hornear pasteles o ver series de televisión. Tal vez su casa siempre estuviera llena de flores, era una persona parlanchina o generosa con los regalos o su tiempo. Tal vez su sonrisa iluminara el lugar.

MAYO

Haz una lista de diez personas que hayan significado mucho para ti. Pueden ser del pasado o personas que aún ves a menudo.

VERANO

LISTA DE REPRODUCCIÓN PARA EL VERANO

- ***The Sea*** – Morcheeba

- ***Summer Mornings*** – Dawzee

- ***Hey Saturday Sun*** – Boards of Canada

- ***Beautiful Blue Sky*** – Ought

- ***Babys*** – Bon Iver

- ***Les Fleurs*** – Minnie Riperton

- ***Sunny Road*** – Emilíana Torrini

La luz del sol, la quietud y el cuidado personal son las únicas raíces que necesito.

Mi bondad se extenderá hacia el mundo como los ríos hacia los mares.

Me doy permiso para sentirme en paz.

REFLEXIÓN

ABEJAS: CRIATURAS DEL SOL

La abeja es una criatura no solo de nuestro hogar, la Tierra, sino también del sol. La danza de la abeja melífera comunica a sus hermanas la ubicación de las fuentes de néctar utilizando el sol como punto de referencia. Podríamos participar de la percepción de las abejas al planificar el jardín, ya que nosotros también orientamos las plantas hacia el sol. Advertimos dónde caen las sombras en invierno y dónde se hallan las zonas de pleno sol o sombra parcial en verano. El jardín y la abeja nos recuerdan que toda la vida proviene del sol. La abeja depende de él para que el aire se caliente lo suficiente para volar; la planta, para elaborar su alimento, el de las abejas y el nuestro; y dependemos del sol para hacer viable el huerto. No importa el clima o la zona de cultivo, nosotros, los jardineros, y las abejas estamos unidos por nuestra conexión con el sol.

LA COMUNIDAD APÍCOLA

Cuando pensamos en las abejas, la abeja melífera suele venir a la mente. Una de las razones de su éxito en la Tierra –evolucionó a partir de las avispas hace cientos de millones de años y no ha cambiado mucho desde entonces– es su naturaleza social. La colmena es un superorganismo, formado por miles de individuos. No puede existir sin sus miembros, y los individuos no pueden sobrevivir sin la colmena. Esto también ocurre con los humanos. Dependemos unos de otros, aunque fácilmente nos enredamos en nuestras diferencias y olvidamos nuestra interdependencia. Las abejas y el jardín pueden devolvernos a la realidad de nuestra interconexión y necesidad de comunidad. Cuando compartimos productos excedentes con un vecino o un banco de alimentos, asistimos a un intercambio de semillas o enlatamos tomates en grupo, cultivamos una comunidad que fortalece nuestro cuerpo y alma. Todos somos de la gran colmena.

EL YIN Y EL YANG DE LAS ABEJAS

La abeja, como los humanos, es una criatura de contradicciones. Visita flores delicadas para recolectar néctar dulce con el fin de transformarlo en miel milagrosa, pero también lleva consigo siempre el poder de infligir dolor. Nos invita, por lo tanto, a sostener la dialéctica de la vida y la muerte, el yin y el yang. Nada es nunca totalmente lo que parece. Incluso el veneno de la abeja, que consideramos malo (las picaduras son dolorosas e incluso fatales para los propensos a la anafilaxia), posee el potencial de curar enfermedades graves. Sostener la dialéctica nos invita al momento presente, fuera de etiquetas y juicios, a observar el desarrollo de la vida. Dejamos de intentar controlar, y simplemente observamos a la abeja en sus rondas de flor en flor en busca de la bondad de la vida. Reducimos la velocidad y respiramos.

MEDITACIÓN

CONCIENCIA PLENA A TRAVÉS DE LA CREATIVIDAD

La conciencia corporal plena no es solo para yoguis. La creación artística puede ser una práctica muy física. Como artistas, usamos los músculos del cuerpo, y a veces durante horas. Las manos agarran y sostienen, los dedos pellizcan y dan forma, los brazos gesticulan y los ojos enfocan. La hermosa sincronía de movimientos corporales involucrados en el aspecto físico de la creación a menudo escapa a nuestra conciencia. Al ser plenamente conscientes de nuestro cuerpo, podemos enriquecer la experiencia artística y perfeccionar la técnica de creación, y avanzar hacia una conexión permanente entre la mente y el cuerpo; a medida que observamos la interacción entre los dos, podemos aprender a influir y dominar esta dualidad.

Cuando estamos «en» nuestros cuerpos, con conciencia plena de la experiencia física vivida, es menos probable que estemos en nuestras mentes. Este efecto de anclaje, de vivir en el ser físico, cuenta con el poder de calmar el sistema nervioso y tranquilizar la mente, disminuyendo así el estrés y mejorando la salud en general.

SINTONIZA CON TU CUERPO

El acto de crear proporciona una maravillosa oportunidad para unir mente y cuerpo. Cuando creamos, experimentamos sensaciones físicas con las que conectar y hallar placer. Escanea tu cuerpo tomando nota de cómo te sientes desde la cabeza hasta los pies: es una excelente manera de sintonizar. Hazlo a intervalos establecidos, por ejemplo, al principio, a la mitad y al final de una sesión creativa, hasta convertirlo en una parte orgánica de tu práctica. Aumentar la conciencia del yo físico es un acto simple que solo requiere la intención y acordarse de hacerlo. Cuanto más lo practiquemos, más notaremos que el cuerpo es un lugar familiar donde «estar».

El cuerpo siente en lugar de pensar. La percepción sensorial posee una autonomía y perfección propias. Cuando sintonizamos con la sensación de hacer, nos guían las sensaciones físicas de la práctica en lugar de las decisiones cognitivas. En el movimiento dinámico de hacer podemos liberar tensión. Mientras nos hundimos en la sensación de nuestras acciones, hallamos quietud interior. Cuando se usa un torno de alfarería, los movimientos rítmicos repetitivos y sutiles de la arcilla que gira pueden ser increíblemente calmantes. El eco de la experiencia puede continuar recorriendo tus manos y tu mente horas después de terminar.

GRATITUD
RECORRER EL SENDERO BUDISTA

Hace dos mil quinientos años, Buda incorporó la atención plena en su enseñanza como un elemento importante en el Óctuple Sendero y la lucha perenne contra la ignorancia. Alentó a sus seguidores a prestar más atención a sus cuerpos, sentimientos y pensamientos; conocer y comprender ese manojo de preocupaciones que amenaza con estropear la vida; ser más conscientes. Vivió en una época de grandes cambios, cuando las viejas religiones estaban siendo cuestionadas, y enseñó una nueva forma espiritual de explorar la vida, disponible para cualquiera, independientemente de su casta y si eran religiosos o no.

Una imagen temprana de Buda lo muestra sentado: una mano avanzada hacia adelante y en contacto con el suelo. La historia cuenta que Buda hizo un voto en una vida anterior para alcanzar la iluminación; al tocar el suelo, está llamando a la tierra a dar testimonio del voto. Está meditando, pero eso no significa que esté lejos en algún lugar del palacio mental de su propia cabeza: está conectado a tierra, como un pararrayos a la realidad física, al momento, en el mundo material y espiritual.

Una forma básica de practicar la atención plena es dar un buen paseo y seguir el simple consejo de Buda:

«Cuando camines, simplemente camina.»

JUNIO

NATURALEZA

CALÉNDULA
Calendula officinalis

La caléndula se valora desde hace siglos por sus poderes curativos y fue una de las primeras flores medicinales cultivadas. La última parte de su nombre latino, *officinalis*, es el término botánico que significa «usada en la práctica de la medicina». La caléndula sigue siendo una planta de jardín popular.

TALLOS Robustos, verticales y angulosos ramificados, de color verde pálido y cubiertos de pelos finos.

HOJAS Alternas, de color verde claro, cubiertas de pelos finos, con dientes muy espaciados.

FLORES Naranjas en forma de margarita, crecen a partir de una cabeza en forma de corona. Cuando la flor muere, queda una cabeza de semillas circular.

SEMILLAS Los aquenios (semillas) se curvan hacia adentro en medio de lo que era la cabeza floral. Secos son marrón claro, puntiagudos, leñosos y de 5-10 mm (3/16-3/8 in) de largo.

USO DE LAS BOMBAS DE SEMILLAS Marzo-abril.

GERMINACIÓN 1-2 semanas.

COSECHA DE SEMILLAS Maduran de agosto a noviembre.

CUIDADOS DE LA PLANTA Para fomentar el espesor y la formación de flores, pellizca las puntas de crecimiento. Elimina las flores marchitas y riega durante los períodos secos.

PLAGAS Y ENFERMEDADES Sufre ataques de babosas y pulgones. Susceptible al oídio.

USOS CULINARIOS Y MEDICINALES Los pétalos se usan en ensaladas o como guarnición. Cosecha las cabezas florales o pétalos, sécalos y consérvalos en un recipiente hermético. Los herbolarios valoran la caléndula por sus propiedades curativas de la piel, y muchas lociones la incluyen para tratar dolencias: dermatitis del pañal, eczema, quemaduras solares, llagas, varicela, herpes zóster, pie de atleta, cortes y rasguños, y pezones irritados.

FAMILIA Compuestas/Asteráceas.

NATIVA DE Europa.

ALTURA/TAMAÑO 30 × 20 cm (12 × 7¾ in).

HÁBITAT Márgenes de caminos, vías férreas, tierras agrícolas.

TIERRA Crece en suelos húmedos bien drenados; tolera suelos pobres.

CONDICIONES Pleno sol/sombra parcial.

CICLO DE VIDA Perenne resistente.

FLORACIÓN Mayo-octubre.

FORMA Erecta.

FORMA DE LAS HOJAS Espatuladas.

POLINIZACIÓN Abejas.

MEDITACIÓN

LA MEDITACIÓN FOMENTA LA ATENCIÓN PLENA

La meditación es una práctica específica para la conciencia plena que nos permite momentos de recogimiento en nuestra vida diaria. La meditación Anapanasati (a menudo traducida como «atención plena de la respiración») es una práctica en la que aplicamos atención a las sensaciones físicas de la respiración, para concentrarnos y calmarnos por medio de la amplia conciencia de nuestro cuerpo, mente y sentimientos.

Existen muchas versiones de esta práctica. Una versión simple es contar cada exhalación hasta llegar a diez, y luego comenzar un nuevo ciclo. Puedes elegir la duración: unos minutos, diez, quince o más, si lo deseas.

Suena simple, y en cierto modo lo es, pero no siempre es fácil: algunos días resultará natural, y otros, tu mente vagará antes de llegar a contar tres. El estrés, la carga de trabajo o las distracciones emocionales hacen que tu mente divague. Eso es normal, así que trata de no preocuparte; acabamos familiarizándonos con ello y aprendemos con la práctica. Recuerda que debes tratarte a ti mismo con amabilidad; intenta no decirte: «No puedo hacerlo», aunque sea difícil.

JUNIO

Aprender a quererte completamente puede llevar tiempo. Es posible que respetes quién eres y te resulte relativamente fácil ser amable de pensamiento y palabra, pero es probable que tengas días buenos y días malos, y que lo que piensas de ti fluctúe dependiendo de lo que te esté sucediendo en la vida.

Nuestros propios pensamientos y sentimientos pueden ayudarnos o herirnos, pero son sutiles y requieren cierta persistencia para que seamos conscientes de ellos. La continuidad del autocuidado ayuda a mantener viva nuestra intención de ser amables con nosotros mismos.

REFLEXIÓN
EL REINO ESPIRITUAL

Hay momentos en la vida en que la dimensión espiritual se abre paso y nos agita extrañamente. La causa puede ser tanto un pájaro como cualquier otro aspecto de la naturaleza. Una noche, al escuchar el canto de un zorzal en la rama más alta de un árbol, sentimos nada menos que alegría. Nos llama la atención y despierta una sensación de belleza, nuestro espíritu se eleva y somos transportados al reino de lo sublime. Nos quedamos quietos, en silencio reverente por este regalo inesperado.

En esos momentos experimentamos una mayor conciencia del misterio de nuestra propia existencia, aquí y ahora; nos sentimos uno con el pájaro, el canto y la noche. Formar parte consciente de la escena, despertar a una realidad espiritual tan significativa, posee una cualidad milagrosa. La inquietante belleza del canto del zorzal hace que broten preguntas sobre lo que significa ser humano en el mundo que nos rodea.

¿CUÁL ES LA VERDADERA REALIDAD?

No es posible ser conscientes de la dimensión espiritual del mundo en todo momento. Es una verdad oculta en las actividades cotidianas que nos absorben, que solo es revelada en momentos memorables, especiales, momentos que debemos aprender a apreciar.

LA CONFERENCIA DE LOS PÁJAROS

Cada religión tiene su rama mística, una filosofía perenne que profundiza en la naturaleza del ser, en lo que significa ser yo. En el islam, los sufíes tomaron la idea de una realidad espiritual oculta dentro y detrás de lo que resulta familiar: usaron el lenguaje de la alegoría para explorar y explicar su experiencia. Un ser misterioso, el pájaro Simorg, ocupa un lugar destacado en el famoso poema del siglo XII de Farid Uddin Attar «La conferencia de los pájaros». En el poema, una gran bandada mixta de pájaros inicia una peregrinación, liderados por una sabia abubilla. El Simorg representa a Dios y es el objetivo de la peregrinación.

En la alegoría, cada ave representa las faltas y debilidades de los seres humanos. El poema explora las excusas de hombres y mujeres que, mientras intentan buscar una comprensión espiritual de la vida, se enredan en preocupaciones egoístas. El ruiseñor quiere quedarse con su amada, el loro es seducido por su propia belleza, el halcón prefiere cazar desde un brazo real, la orgullosa perdiz no puede desprenderse de su ser, «ese remolino donde nuestras vidas se destrozan». Finalmente, después de muchas aventuras, unos pocos decididos llegan a la tierra del fabuloso Simorg, a un misterioso lago, y hacen un descubrimiento sorprendente. Miran en el agua y, al ver solo sus propios reflejos, se dan cuenta de que, lejos de ser una bandada de compañeros separados como habían pensado, juntos son el Simorg, cada uno una emanación del creador divino.

DIARIO
RIMAS Y RAZÓN

Vivimos en un mundo de sonido y ritmo. De hecho, confiamos en un latido cardíaco regular y rítmico para mantenernos vivos. No es de extrañar que respondamos a la música de la vida y la naturaleza; el mismo planeta gira alrededor del sol con hermosa regularidad.

Muchos escritores son sensibles al ritmo y la forma del lenguaje. Y no solo en poemas y canciones. Ya sea habladas o escritas, las palabras unidas con sentido del ritmo y forma pueden tener un efecto poderoso.

La poesía proporciona una visión de los ritmos y patrones del lenguaje a cualquier escritor comprometido con el desarrollo de sus habilidades. Incluso los que prefieren la prosa pueden beneficiarse del estudio de la poesía: mejora la escritura al guiarnos hacia el tono y el ritmo correctos para crear la atmósfera deseada.

Resulta interesante dedicar un día de escritura a producir poemas cortos. Eso no solo nos da un descanso, sino que también refresca la mente; es como limpiar el paladar entre los platos de una comida. Funciona particularmente bien cuando nos sentimos bloqueados, ya que aparta la mente del proyecto en el que estamos involucrados sin abandonar la escritura.

Generalmente, la poesía produce sus efectos con menos palabras que la prosa. Para escribir poesía, podríamos tener que estructurar nuestra escritura según ciertas reglas y convenciones, usando rimas y ritmos. Incluso la poesía sin rima ni ritmo regular suele transmitir idea de espacio y significado.

JUNIO

VISUALIZACIÓN

ENCUENTRA EQUILIBRIO Y ESTABILIDAD

Recupera el equilibrio y la estabilidad con este sencillo ejercicio.

Ponte de pie con los pies separados al ancho de la cadera, los hombros relajados y la barbilla ligeramente levantada. Imagina un hilo que baja desde la parte superior de tu cabeza por tu columna vertebral. Imagina que se tira de este hilo suavemente y siente cómo se alarga tu columna.

Dirige la atención a las plantas de los pies y siente el peso del cuerpo, que se equilibra por igual sobre cada pierna. Salta ligeramente, tratando de flexionar las rodillas sin levantar los pies del suelo, y nota cómo el suelo te presta apoyo.

Junta las palmas de las manos y acércalas al corazón. Cierra los ojos e imagina el símbolo del yin y el yang en el centro de tu pecho. Concéntrate en esta imagen unos minutos y respira profundamente.

Se asocia universalmente el símbolo del yin y el yang con el equilibrio; esto, combinado con un ejercicio físico que se centra en la postura y el movimiento, ayuda a promover una sensación de estabilidad y equilibrio.

JUNIO

La tierra me ancla.

Estoy en perfecto equilibrio con la naturaleza.

Estoy exactamente donde debo estar.

Mi mente, cuerpo y alma están en armonía.

RECETA
SORBETE DE VERANO

Este refrescante sorbete es para disfrutarlo en el jardín un caluroso día de verano. Mientras lo tomas, cierra los ojos y reflexiona sobre los sonidos que te rodean: ¿qué se escucha? Tal vez el canto de los pájaros o el suave zumbido de un cortacésped.

6 RACIONES

INGREDIENTES

- 150 g (5½ oz) de melón cantalupo pelado y sin semillas
- 3 cucharadas de zumo de limón recién exprimido
- 60 g (2¼ oz) de néctar de agave crudo
- 18 frambuesas frescas o congeladas
- 3 cucharaditas de pepitas de cacao crudo

UTENSILIOS

- Batidora
- 6 vasos de chupito de 50 ml (2 fl oz)

CONSEJO
Agrega hojas de tomillo o menta después de triturar para dar frescor.

ELABORACIÓN

1. Añade el melón, el zumo de limón y el néctar de agave a la batidora y tritura a máxima potencia hasta que quede cremoso.

2. Reparte la mezcla entre los 6 vasos de chupito. Agrega 3 frambuesas a cada vaso y decora con ½ cucharadita de pepitas de cacao.

3. Guárdalos, sin tapar, en el congelador durante al menos 6 horas o hasta que se congelen. Los sorbetes se conservan en el congelador hasta 1 mes, aunque cuanto más frescos, mejor.

NATURALEZA

BOMBAS DE SEMILLAS PARA LOS SENTIDOS

Esta mezcla ha sido diseñada para inundar las fosas nasales con un aroma dulce celestial. Encuentra la receta base en las pp. 112-113 y usa las siguientes semillas para crear una fiesta para los sentidos.

PLANTAS

- Primavera *Primula veris*
- Tanaceto *Tanacetum parthenium*
- Cuajaleches *Galium verum*
- Manzanilla *Matricaria recutita*
- Orégano *Origanum vulgare*
- Reina de los prados *Filipendula ulmaria*
- Mirra *Myrrhis odorata*

BOMBAS DE SEMILLAS PARA PÁJAROS

Las plantas de esta mezcla atraen larvas de insectos de las que se alimentarán las aves, además de ofrecer una rica fuente de semillas durante toda la temporada. Las aves ayudan con la dispersión y algunas semillas no germinan a menos que hayan pasado primero por el sistema digestivo de un ave.

Según la sociedad británica para la protección de las aves RSPB, una población de aves saludable es indicativa de un planeta sano y los humanos dependemos de ello.

El cambio climático, los métodos agrícolas modernos, las redes de carreteras y ferrocarriles, la explotación de los mares y la expansión de las zonas urbanas representan una amenaza para las aves. Podemos tratar de aumentar la población de aves cultivando plantas alimenticias y creando hábitats saludables para que vivan y se reproduzcan.

PLANTAS

- Menta silvestre *Mentha arvensis*
- Melisa *Melissa officinalis*
- Regaliz *Glycyrrhiza glabra*

BOMBAS DE SEMILLAS COLORIDAS

Esta combinación de plantas es perfecta para dar un toque de color al jardín y también como ramo para el hogar. Se pueden cultivar en lugares soleados o sombreados para gozar de su color, sea cual sea la orientación del jardín.

PLANTAS PARA ESPACIOS SOMBREADOS Y HÚMEDOS

- Consuelda menor *Prunella vulgaris*
- Bergamota silvestre *Monarda didyma*
- Borraja *Borago officinalis*

JUNIO

PLANTAS PARA ESPACIOS SOLEADOS Y SECOS

- Amapola *Papaver rhoeas*
- Árnica *Arnica montana*
- Equinácea *Echinacea purpurea*

MEDITACIÓN
BUENOS DESEOS

Hay 7900 millones de personas en el planeta y siempre hay una mitad en la oscuridad. Al mirar hacia la luna, es probable que alguien, entre los otros 3900 millones de personas en la oscuridad, también esté mirándola. Al compartir esa experiencia, ¿por qué no enviar buenos deseos a esas personas, quienesquiera que sean, dondequiera que estén e independientemente de lo que estén viviendo en este momento? Podrías decir mentalmente: «Deseo que todos se sientan seguros, que se sientan a gusto, que disfruten de buena salud, que sientan alegría y paz». Al enviar estos deseos, ¿cómo te sientes?

Si echas de menos a un amigo o ser querido, mira hacia la luna y pídele que haga lo mismo. Te conectarás con él instantáneamente a través de la visión compartida de la luna, la misma luna.

REFLEXIÓN
PINTAR CON LA RESPIRACIÓN

La respiración se ha relacionado con la práctica artística a lo largo de los siglos, desde las manos estarcidas de los aborígenes australianos, creadas soplando *delek* (arcilla blanca en polvo) con la boca, hasta el uso controlado de la respiración requerida para el soplado de vidrio. Desarrollar la atención plena en torno a la respiración en el arte puede ayudarnos a centrarnos en el momento, con el potencial de mejorar la forma en que trabajamos.

EL PODER DE LA RESPIRACIÓN

La respiración es una función inherente y subconsciente del sistema nervioso. Sin embargo, se comunica con nuestra mente y cuerpo. Cuando respiramos profundamente, en particular por la nariz, podemos sentir calma. Cuando unimos la inhalación y exhalación con los movimientos del cuerpo mientras creamos arte, conscientemente llamamos la atención sobre nuestro cuerpo. La concentración necesaria para mantener esto nos conduce a la atención plena, y la sincronía crea un movimiento elegante y fluido. Aguantar la respiración o ralentizar la exhalación relaja el sistema nervioso simpático, responsable de activar la respuesta de lucha o huida.

RESPIRAR PARA RELAJAR LA MENTE

Es evidente que concentrarse en la respiración calma la mente. Si está hiperactiva y su retórica interna desvía nuestra atención del trabajo creativo, podemos sintonizar con el ascenso y caída de nuestro pecho. A medida que nos enfocamos en la frescura del aire que entra por la nariz y viaja por la garganta, expandiendo los pulmones, aportaremos un ritmo palpable a la práctica y calmaremos la mente. Cuando llegamos a una parte complicada de la creación, a veces contenemos instintivamente la respiración. Al dejar de respirar, sentimos el paso del tiempo de forma más aguda, casi ralentizado. Cuando nos volvemos más conscientes de la respiración, podemos optar por usarla más deliberadamente en la práctica artística consciente.

Podemos dar por sentada la respiración, como tantas otras funciones automatizadas del cuerpo. Cuando sintonizamos con nuestro cuerpo y sus patrones como parte de nuestra práctica artística, podemos aumentar nuestra sensibilidad a cualquier cambio en estos ritmos. Esto mejora la conexión mente-cuerpo, y así podemos fomentar un estado más consciente tanto en la creación artística como en la vida.

JULIO

Tiempo de renovación. Los baños de naturaleza, la ecoterapia y los saludos al cielo o sencillamente estar presentes en la naturaleza nos rejuvenecen el espíritu.

REFLEXIÓN

A LA NOCHE, ARREBOLES; A LA MAÑANA HABRÁ SOLES

Mirando el cielo en una hermosa puesta de sol rosada, podríamos recordar la expresión común que se repite en muchas culturas: cielo rojo por la noche es delicia de pastores. Cuando la luz blanca del sol atraviesa la atmósfera, choca con partículas de polvo y gotas de agua. La luz azul se dispersa más fácilmente que la roja, de modo que el sol parece amarillo y el cielo se ve azul. Al atardecer, los rayos del sol atraviesan una gruesa capa atmosférica y el azul se dispersa aún más, cambiando el color del cielo de amarillo a rojo rosado. Una alta concentración de partículas de polvo en la atmósfera suele indicar alta presión y aire estable, de ahí el deleite de los pastores.

LEER LA METEOROLOGÍA INTERIOR

Practicar la atención plena nos brinda la oportunidad de desarrollar una capacidad afinada para leer el clima interno de nuestro ser. ¿Qué tiempo hace en tu interior? La atención plena nos muestra que en nuestro interior siempre hay un sentimiento cambiante que a veces brilla de ilusión y otras veces es opaco, brumoso, oscuro, nublado, descolorido o melancólico.

LOS CUATRO FUNDAMENTOS

Al enseñar la atención plena, Buda habló de «los cuatro fundamentos»: el cuerpo, las sensaciones, la mente y los objetos mentales. El cuerpo significa cosas como la postura, el movimiento o los procesos corporales. Las sensaciones son lo que sucede en el cuerpo, como la temperatura o la presión. La mente incluye la conciencia y los constructos. Y los objetos mentales son lo que sucede en la mente, como pensamientos, recuerdos e ideas. Es posible practicar la atención plena de la mente y los objetos mentales, pero es muy fácil dejarse llevar por pensamientos y preocupaciones. Ser consciente del cuerpo y sus sensaciones es más sencillo. Si notamos un hormigueo en la palma izquierda, entonces sólo notamos el hormigueo. Si surge una explicación sobre el hormigueo, podemos dejarla ir y volver a la sensación de hormigueo.

Buda enseñó que la atención plena en cualquiera de estos cuatro dominios tiene el potencial de llevarnos por el camino de la iluminación.

MOVIMIENTO

SECUENCIA DE YOGA PARA EL ARRAIGO

DURACIÓN: 10-15 minutos
ESTILO DE YOGA: hata clásico
BUENO PARA: sentir arraigo, calmarse, conectar con la energía de la Tierra

Esta secuencia puede ayudarte a conectar con la energía de la Madre Tierra y descargar el exceso de energía. Es útil si trabajas con otros en un entorno de curación y tiendes a contagiarte de su energía. Las posturas equilibran el chacra raíz y son aún más efectivas cuando se practican al aire libre y con los pies descalzos en contacto directo con suelo.

Muévete conscientemente al adoptar las posturas, y mantenlas durante 10-15 respiraciones (por cada lado cuando la postura se realiza en ambos). Imagina que posees raíces que crecen hacia el interior de la tierra y te vinculan con la energía de la naturaleza. Visualízate absorbiendo esta energía a través de tus raíces hacia tu chacra raíz, ubicado en la base de la columna vertebral.

Termina acostándote en el suelo 2 minutos en la postura del cadáver. Si no dispones de un espacio al aire libre, practica donde haya plantas.

1. LA GUIRNALDA

2. EL HÉROE

JULIO

3. EL SAUCE

4. LA PALOMA

5. LUNA CRECIENTE SIN BRAZOS

6. EL ÁRBOL

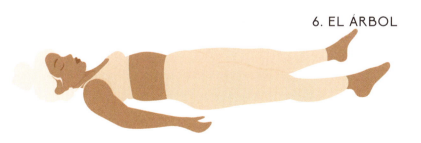

7. EL CADÁVER

VISUALIZACIÓN
CONECTA CON UNA CASCADA

Aumenta tu vitalidad conectándote con la energía vigorizante de la cascada. Practica esta visualización en cualquier momento y en cualquier lugar, siempre que necesites un estímulo.

Dedica un momento a relajarte, respirar profundamente y calmar la mente. Cierra los ojos e imagina que estás debajo de una gloriosa cascada. Sientes el agua centelleante fluyendo sobre ti, golpeando la parte superior de tu cabeza y cayendo sobre tus hombros. Las pequeñas gotas llevan energía mágica y brillan como diamantes.

Mientras inhalas, imagina el agua vibrante que te cae sobre la cabeza, inundando todo tu cuerpo con vitalidad. Mientras exhalas, imagina el agua fluyendo libremente desde las plantas de los pies hacia un arroyo. Alarga cada exhalación durante el mayor tiempo posible y continúa este ciclo: inhalar la energía brillante del diamante y liberarla de vuelta a la naturaleza.

¡Haz el ejercicio 5 minutos cada mañana y siéntete un ser revitalizado y listo para cualquier cosa!

En la cultura popular, la cascada es un símbolo de rejuvenecimiento. Está asociado con la limpieza espiritual y conectado con el chacra de la corona, ubicado en la parte superior de la cabeza. La combinación del símbolo y la técnica de respiración ayuda a limpiar y renovar mente, cuerpo y espíritu.

Me inunda la energía.

*Soy un alma dinámica
y brillo con vitalidad.*

Me renuevo cada día.

MEDITACIÓN
LA CASCADA

MEDITACIÓN DE VITALIDAD AL ACOSTARSE

Ante ti, el agua fluye. Absorbes la visión y el sonido del agua que se abre camino desde la cima de la colina hasta los pies del bosque. Cae en cascada y crea el salto más hermoso que jamás hayas visto. Te deja sin aliento. Observas cómo se acumula la masa blanca espumosa que gira y se arremolina por la ladera de la montaña. Te detienes a mitad de camino, escuchas los sonidos, el silbido y el zumbido, los goteos mágicos que bailan como notas musicales sobre tu cabeza, y anhelas formar parte de la sinfonía. El agua se ve tan pura y acogedora. Como cristal líquido, brilla bajo el sol de la tarde. Todo lo que toca se vuelve más vibrante, como si se iluminara desde el interior.

Subes un poco más, sintiendo cada roca que pisas hasta que quedas directamente debajo de este espectáculo. Un rocío de gotas finas salpica tu piel. Pequeños pinchazos de humedad que hacen que cada uno de tus poros hormiguee de alegría.

Te inunda la energía.

Notas tu cuerpo casi como un fluido, como si pudieras cambiar de forma y navegar por cualquier paisaje. Tu mente también está viva y activa. Nuevas ideas inundan tu visión, y de repente te sientes un ser que despierta y está listo para enfrentarse al mundo.

JULIO

La cascada continúa cayendo, con la misión de alcanzar el arroyo de abajo. Nada se interpone en su camino. Nada puede detenerla: tal es el poder y el potencial de la naturaleza. Anhelas sentir lo mismo, compartir ese vigor. Extiende las manos, deja que el agua golpee tu piel. Rebota sobre tus palmas, envolviendo tus dedos y luego deslizándose a través de ellos antes de que puedas agarrarla. Se burla de ti, te ruega que la sigas, que te unas a esta danza acuática y dejes que la gravedad actúe.

No hay nada que decidir, ni pensar ni preparar.

Eres un alma dinámica y, en este momento, puedes hacer cualquier cosa. Estirando los brazos por encima de la cabeza, te tiras de cabeza y te sumerges, uniendo fuerzas con la cascada. Eres una sombra que se lanza y bucea en el arroyo brillante. Esbelta y ágil, giras y giras, dejando que el agua te dé vida. Es fácil avanzar y con cada brazada te sientes con más energía y capaz de soltarte. Con sumo brío y pasión, te deslizas, sin saber ni preocuparte por la dirección, simplemente deleitándote con tu propia vitalidad.

Una oleada de adrenalina te atraviesa y rozas la superficie durante el descenso. Tu cuerpo se ondula, avanzando, hasta que te conviertes en parte de un cuerpo de agua mucho más grande. Con mayor masa y más empuje, casi estás allí, casi a punto de alcanzarlo. Tomas una bocanada de aire, bien profunda. ¡La energía es estimulante!

Entonces, de manera instantánea y vigorizante, sumergiéndote bajo la superficie brillante, llegas al fondo. ¡Lo lograste! Nadaste por la cascada, descendiste a sus deslumbrantes profundidades y dejaste que se filtrara en tu corazón. El impulso de la caída te ha dejado un sentimiento de euforia. Por un momento, te detienes y recuperas el aliento. En mitad de la corriente fresca, te sientes un ser renovado. Tu columna vertebral se eriza y tu mente burbujea de energía. Te has sacudido el abatimiento y has rejuvenecido. El interruptor se ha accionado y la ilusión te invade.

Elevas la mirada hacia la cascada y descubres que ya no puedes ver dónde comienza o termina, lo alta que es ni de dónde surge. Es como si los riachuelos que brotan fueran un regalo cósmico. Como si los cielos se hubieran abierto y permitido que el elixir de la vida cayera a la Tierra. Entonces te sientes un ser afortunado. Cada día ofrece la oportunidad de renovación, de renacer y sentir este vigor. Solo hay que invitar a la energía positiva a tu vida.

JULIO

Sé una persona abierta, sé valiente y acepta tu energía.

Lentamente, sales del agua, y te encaminas hacia la orilla húmeda cubierta de musgo. Te sacudes las gotas del cabello y te maravillas de tu piel deslumbrante. En tu rostro se dibuja una amplia sonrisa. Tu corazón late con pasión y brillas de pies a cabeza.

Se ha restaurado la vitalidad.

REFLEXIÓN
EL AROMA DEL JARDÍN

¿Puedes evocar el aroma de las hojas frescas de romero? ¿El de la tierra mojada después de la lluvia? ¿El de la primera violeta de la primavera? ¿Cuáles son tus recuerdos aromáticos de jardín? El olfato nos vincula al lugar y a la experiencia tanto como las imágenes y los sonidos; para algunos, el olfato crea asociaciones y recuerdos aún más intensos. El olfato es el único sentido completamente desarrollado al nacer. Las moléculas olfativas van directamente al cerebro, accediendo a los centros de memoria y estrés. Cuando hablamos de aroma, a menudo pensamos en aceites esenciales u otros olores fuertes. Pero incluso los aromas sutiles del jardín nos ayudan a reducir la velocidad y conectarnos con la Tierra.

Las plantas se comunican a través del aroma. El olor a hierba recién cortada es una llamada de ayuda. Las flores producen aromas que atraen a sus polinizadores, algunos dulces como la vainilla (literalmente) y otros desagradables (para nosotros) como a carne podrida. La planta más olorosa podría ofrecernos las semillas más nutritivas, por ejemplo.

Los agricultores usaban el aroma (y también el sabor) para determinar la composición y la salud del suelo. Todavía podemos decir si el suelo contiene mucha arcilla o material orgánico por su olor. El primero huele a polvo y humedad, mientras que el segundo es más dulce y huele a musgo u hojarasca. El suelo que contiene demasiado amoníaco o que huele a podrido o pantanoso podría indicar la necesidad de aireación y compost. Podemos tomar nota de eso para la lista de tareas de jardinería consciente: además de los olores de plantas, necesitamos olfateadores de suelo. Tal vez no sea un trabajo a tiempo completo, pero oler la tierra, las plantas y el compost de tu jardín te dirá algo que no hace falta buscar en internet.

JULIO

REFLEXIÓN
LA FRAGANCIA DE LOS RECUERDOS

El olor es una parte importante de los jardines sensoriales para las personas con discapacidad visual u otras limitaciones. Sin embargo, todos disfrutamos de estos jardines, pasando las manos sobre el suave e intenso tomillo, inhalando el aroma de la flor de chocolate y la menta de prado. La fragancia es, por lo tanto, una forma de conseguir que nuestros jardines sean más inclusivos. Incluye en tu jardín aromas que te transporten de vuelta a un preciado recuerdo, como las rosas de tu abuela o la lavanda de ese viaje a la Provenza. ¿Qué incluirías en tu jardín de memoria sensorial? Con un cojín de meditación o un banco, habrás creado un jardín curativo propio. Si vives en un lugar sin tu propio espacio exterior, cultiva macetas de hierbas y crea un ambiente aromático y relajante. El jardín de aromas puede ser un lugar para conocerse mejor, para invitar a amigos de confianza, y compartir con ellos tus historias y alentarlos a que hagan lo mismo con las suyas.

NATURALEZA
BOMBAS DE SEMILLAS SANADORAS

Estas mezclas contienen plantas de propiedades curativas para la mente, el cuerpo y el espíritu. Las plantas nutrirán y calmarán, relajarán y animarán, además de servir para usos culinarios. Sigue la receta de las pp. 112-113 e incluye estas semillas en el paso 2.

JULIO

BIENESTAR

- Melisa *Melissa officinalis*
- Borraja *Borago officinalis*
- Orégano *Origanum vulgare*
- Manzanilla *Matricaria recutita*
- Regaliz *Glycyrrhiza glabra*

DESPERTAR

- Menta silvestre *Mentha arvensis*
- Melisa *Melissa officinalis*
- Regaliz *Glycyrrhiza glabra*

DULCES SUEÑOS

- Anís *Pimpinella anisum*
- Tomillo *Thymus vulgaris*
- Artemisa *Artemisia vulgaris*

REFLEXIÓN

CORRER CON LOS PIES DESCALZOS

Hay una tendencia creciente entre los corredores a correr descalzos, disfrutando de una conexión más cercana con la tierra. Perder los zapatos es como mudar la piel. Te encuentras al mismo tiempo más vulnerable y sensible a todo lo que la tierra ofrece. Corriendo con los pies descalzos te das cuenta de los cambios sutiles de temperatura y textura previamente no percibidos, al pasar sobre zonas soleadas del sendero, sobre suelo húmedo o seco, o sobre vegetación. Notarás al instante cuando pises una planta de hojas que pinchan. Al exponerte al sendero, sientes mucho más: cada sensación se amplifica, la conexión con tu entorno aumenta de intensidad. Vives completamente en el momento, con todos los sentidos alerta.

Correr con los pies descalzos hace que se esté más atento al tiempo y lugar. Los corredores descalzos afirman ser más felices y sufrir menos lesiones sin sus zapatos, pero hay que tener en cuenta que se tardan meses en aumentar la fuerza de los pies y endurecer la piel para realizar carreras más rápidas o largas, y correr en ciertos terrenos siempre será un desafío. Todas las formas de carrera crean una conexión con la tierra y nos recuerdan nuestras responsabilidades para con el mundo.

JULIO

TROTA CON ATENCIÓN PLENA SOBRE LA TIERRA

Mientras corres, medita sobre tu huella, piensa en tu conexión con el mundo y plantéate formas de aligerar tu impacto y reducir tu huella de carbono. Reutilizar botellas de agua, elegir alimentos y tejidos sostenibles y de comercio justo: como corredores, podemos aportar nuestro granito de arena. Nos debemos a nosotros mismos y a nuestro futuro pisar la tierra con ligereza y atención.

DIARIO
ESCRIBIR UN POEMA

Hay tantas variedades de poesía, y tantas opiniones sobre lo que la hace «buena» que, en realidad, está más allá de cualquier definición. Sin embargo, se suele aceptar que una o ambas de las siguientes características definen la mayoría de poemas:

- Patrones con las palabras, ritmo y esquemas de rima.
- La expresión adecuada, concisa y original con palabras de las emociones, experiencias, visiones, etcétera.

Puede ser divertido encajar nuestras palabras en un esquema de rima, o seguir un tipo de ritmo establecido, pero es importante confiar en la propia voz y escribir lo que te parezca correcto a ti.

Una forma interesante pero sencilla de empezar a escribir poesía es con los haikus. Estos pequeños poemas ayudan a pensar en la estructura de cualquier escrito. Un haiku contiene 17 sílabas en sus tres versos: 5 en el primero, 7 en el segundo y 5 en el tercero. Los versos no suelen ser rimados. Los haikus tienden a ser poemas líricos, que expresan sentimientos o emociones, y a menudo se refieren a la naturaleza.

JULIO

EJEMPLOS DE HAIKUS

Pesada lluvia,
pero el cielo en los charcos:
vaya regalo.

Se marchó al alba.
Nacía un nuevo día,
no en mi corazón.

Bella sonrisa
debajo del paraguas
arcoíris fue.

*Intenta escribir tus propios haikus.
Procura mantener la forma de
17 sílabas en tres versos.*

MEDITACIÓN
AMABILIDAD ILIMITADA

Hay una hermosa práctica de meditación, llamada *Metta bhavana* en lengua pali, que puede traducirse como el «cultivo de la bondad amorosa» o «desarrollo de la amistad ilimitada». Esta técnica puede tener efectos positivos notables en uno mismo, sus seres queridos y las personas que conoce, en especial si se practica regularmente.

Comienza por ser consciente de cómo eres, y trata de crear un cálido resplandor de intención positiva, amor y aprecio dentro de ti. Imagina que es como encender un pequeño fuego para calentarte, y luego intenta crear un fuego más grande para irradiar hacia afuera y llegar a otras personas. Una manera de comenzar puede ser repetir frases en tu mente, como: «Que esté bien, que sea feliz, que esté en paz». Esta primera etapa puede abrirte a la idea y la intención.

La segunda etapa consiste en imaginar a un buen amigo o alguien que te haga sonreír. Trata de verlos, oírlos o sentirlos como si estuvieras con ellos. También puedes repetir: «Que estés bien, que seas feliz, que estés en paz», y ver cómo responde tu imaginación. O bien, imagínalos disfrutando de algo que les encanta, como jugar felices con su hijo o familia, o realizar una actividad que les guste. Nota esa sensación de alegría y cariño al contemplarlos.

JULIO

En la tercera etapa, difunde la intención de buenos deseos hacia personas que tal vez conozcas, pero no a fondo, como colegas o maestros de la escuela. Luego irradia esa buena voluntad hacia otras personas: niños y familias, personas que viven cerca de ti y, en última instancia, personas de todo el mundo. Puede incluir todo el ciclo de vida de los seres humanos, desde recién nacidos hasta niños, adolescentes, adultos y ancianos. Desea que estén bien, felices y en paz.

Si conviertes esta meditación en un hábito, puedes obtener muchos resultados beneficiosos. Es posible que te abras emocionalmente, te muestres más amigable con las personas que no conoces o seas capaz de mantener estados mentales positivos más fácilmente y durante más tiempo. El respeto por tu propio bienestar y felicidad y el de otras personas es un precursor de estados mentales enriquecedores.

REFLEXIÓN
UN PASEO CON LA LUNA Y LAS ESTRELLAS

Un buen momento para una larga caminata es por la noche, por el campo o la ciudad, con la puesta del sol y la llegada del crepúsculo, cuando los colores cambiantes del cielo, oscureciéndose, comienzan a revelar las estrellas. Tal vez también la luna.

Mientras caminamos, el cielo nocturno puede desencadenar en nosotros sensación de insignificancia, de pequeñez frente al vasto y antiguo universo, y de absoluta irrelevancia de nuestras cortas vidas, o bien puede inspirar una tranquila sensación de asombro. Todo depende de cómo lo pensemos.

NUESTRO LUGAR EN EL PLANETA

El Sol en sí es suficiente para hacernos sentir pequeños; con un millón de veces el volumen de la Tierra, ese horno ardiente, que convierte cuatro millones de toneladas de su masa en luz y calor cada segundo, como lo ha hecho durante más de cuatro mil millones de años, es la estrella que mejor conocemos. A medida que se pone, su luz es algo tenue y enrojecida por la atmósfera, y contemplamos lo que le debemos a esa gran bola de energía nuclear, la potencia esencial de la evolución de la vida en nuestro planeta. Mientras se desliza bajo el horizonte, podemos ver al este la sombra lila de nuestro mundo elevándose hacia la estratosfera, un preludio de la oscuridad que revelará las estrellas.

Un paseo crepuscular desde la luz del día hasta la oscuridad es un buen momento para ser conscientes de nuestro lugar en el planeta que rueda hacia el este por el espacio, girando diariamente sobre su eje. Por un momento podemos imaginarnos como vistos por astronautas desde la Luna, habitantes de una bola azul y blanca, un pequeño mundo lejos del Sol, suspendido en el vacío.

JULIO

SE LO DEBEMOS TODO A LAS ESTRELLAS

Aparecen las estrellas. Si caminamos una tarde de invierno y vivimos en el hemisferio norte, veremos el triángulo de verano con tres estrellas brillantes: Deneb, de la constelación Cygnus (el Cisne); Vega, de Lyra (la Lira), y Altair, de Aquila (el Águila). Si el cielo está despejado, sin contaminación lumínica, podemos disfrutar de una vista de la Vía Láctea que desciende hasta el horizonte sur, una neblina de millones de estrellas, todas ellas soles, muchas más grandes que el nuestro. Y si nos detuviéramos a contemplar la distancia a la que se hallan, sin duda desafiarían nuestra capacidad de pensamiento.

Caminando en la oscuridad, tal vez por un camino familiar, evitando el uso de una linterna, somos conscientes de los árboles, siluetas de ramas a través de las cuales brillan las estrellas; un búho llama desde el bosque; el olor del heno recién cortado asalta nuestras fosas nasales; inhalamos y exhalamos conscientemente, saboreando el aire nocturno. Todo esto se lo debemos a las estrellas. Sin ellas no estaríamos aquí.

AGOSTO

Tiempo de fluir. La plena consciencia de lo azul nos reconecta con un elemento natural para adorarlo y reverenciarlo en todas sus formas.

REFLEXIÓN
SINTONIZAR CON LAS MAREAS

Las mareas son los pulmones del océano, subiendo y bajando. Una inhalación: la Luna se acerca a la Tierra y tira del cuerpo de agua, estirando su piel. Una exhalación, mientras la Luna se aleja: la piel del océano se relaja y la marea disminuye.

La marea es un reloj. La palabra «marea» proviene del francés *marée*, y ésta, a su vez, del latín *mare* («masa de agua»), mientras que la palabra inglesa *tide* proviene de los antiguos términos ingleses y alemanes para «tiempo» (*tid* y *Zeit*). El flujo de marea es un buen mecanismo para practicar la atención plena. Nos proporciona un ritmo. La palabra «ritmo» proviene de la antigua raíz griega *rythmos*, que significa «fluir», y así volvemos al agua y al mar en todos sus estados.

En Cornualles, el olor a coco y piña emana de la flor de aulaga en primavera y principios del verano, mientras que las chovas (aves emblemáticas de Cornualles) flotan sobre los acantilados. Las víboras pueden cruzarse en tu camino, buscando un lugar para tomar el sol mientras corres por el acantilado, con tu tabla a cuestas, con ilusión. Arriba, un cernícalo da con su presa.

Con una marea creciente, el mar deposita todo su peso en la playa en poderosos pulsos. Esto resulta más impresionante durante las mareas de primavera, cuando el Sol y la Luna se alinean y aumentan la atracción gravitacional sobre el océano. La energía es tangible.

LA MAGIA DE LA ATRACCIÓN GRAVITACIONAL

El efecto combinado de la Luna y el Sol varía a lo largo del mes. Cuando están en concierto (con luna llena y luna nueva) se producen los mayores rangos de marea (mareas de primavera). En los llamados «primer cuarto» y «último cuarto», la Luna y el Sol trabajan uno contra el otro, lo que resulta en rangos de marea menores (mareas muertas).

Es un fenómeno notable, dos fuerzas gravitacionales que tiran del cuerpo elástico de los océanos del mundo cuando se unen o se oponen. Si fuera lo bastante fuerte, la atracción gravitacional de la Luna despojaría a la Tierra de sus aguas y las dispersaría por el espacio. Pero, por supuesto, las mareas no son en modo alguno débiles. Son una fuerza majestuosa, y posiblemente la fuente de energía más fiable disponible.

Los cambios climáticos complementan el flujo de las mareas. El agua se evapora de los mares y regresa en forma de lluvia. Las grandes mareas a menudo traen aparejados cambios climáticos dramáticos. El mar parece absorber el temperamento del cielo. Un cielo encapotado, amenazando lluvia o tormenta eléctrica, es absorbido por el mar, que lo filtra.

Ante el oleaje, con un rayo a punto de caer, se comprende lo pequeña que es la figura humana contra la inmensidad del océano. Estos son momentos en los que el surf nos recuerda que el cuerpo es transitorio, un mero signo de puntuación en los largos eones narrativos de la Tierra.

MOVIMIENTO
CARRERA CON ATENCIÓN PLENA

Correr de manera consciente ofrece una aventura, un sentimiento que alimentará todos los aspectos de nuestras vidas y nutrirá los rincones más oscuros de nuestros mundos. Correr nos da la oportunidad de mantenernos conectados con el mundo y con nosotros mismos. Una perspectiva consciente puede aportar una nueva dimensión a tu carrera, una mayor conciencia de dónde puede llevarte y cuánto puedes lograr. La libertad que nos brinda correr es ideal para practicar técnicas de conciencia plena, ya sea un día a campo traviesa o en un circuito rápido alrededor de la manzana. Atarse las zapatillas y salir conscientemente es una fuerza poderosa de bienestar, más dinámica que la atención plena sola y más gratificante que solo correr. Es posible que no encuentres lo mismo en cada carrera, pero a largo plazo seguramente cosecharás las recompensas.

ENCONTRAR LA CLARIDAD

Los numerosos beneficios fisiológicos de correr incluyen la mejora de la salud cardiovascular, el fortalecimiento de los huesos y la reducción del colesterol. Psicológicamente, correr puede reducir el estrés, aumentar la autoestima y generar sentimientos de positividad. Introducir la atención plena en tu rutina de correr aportará más ventajas al liberar la mente y concentrarte en el momento, simplemente poniendo un pie delante del otro y reconociendo tu entorno, encontrando armonía y serenidad en tus acciones.

AGOSTO

VIVIR EL MOMENTO

Correr se complementa con la atención plena; muchos corredores practican la atención plena hasta cierto punto sin ningún intento consciente de hacerlo. Con las pisadas repetitivas y la respiración, nos resulta relativamente fácil llegar a un lugar donde el cuerpo y la mente se mueven como uno solo. Absortos en la acción de correr, nuestras mentes están quietas; somos capaces de morar en el presente, disfrutando de las sensaciones del cuerpo y liberándonos de las ansiedades diarias. Esta liberación se extiende al resto del día y a nuestras vidas; con una mente más tranquila y una mayor claridad, podemos lidiar mejor y de manera más intuitiva con los desafíos cotidianos.

GRATITUD

LA MAGIA DE LA FOTOSÍNTESIS

Dentro de las hermosas hojas verdes del reino vegetal ocurre la magia. Algunos lo llaman ciencia, pero en realidad es ambas cosas. Los fotones de luz rebotan en las moléculas de clorofila y desencadenan una serie de procesos que produce energía vegetal en forma de glucosa y el subproducto del oxígeno. Gracias a esta «tecnología» creada por las plantas hace 450 millones de años estamos vivos hoy. Cultivamos fábricas de fotosíntesis en nuestros jardines. Tanto si consideras el proceso algo puramente científico como un milagro, o ambos, hundes las semillas en el suelo como invocación de la fotosíntesis. Un jardín o un huerto son una petición del universo para transformar la luz solar, el dióxido de carbono y el agua en energía que usaremos para bailar, soñar y amar. La mayoría de las veces, esta solicitud se cumple, y obtenemos aire fresco y ensalada. ¡Milagroso!

Las plantas realizan la fotosíntesis sin pensarlo. No tratan de hacer azúcar, simplemente lo hacen. Tal vez podamos aprender de ellas: sentirnos agradecidos por los procesos naturales que nuestros cuerpos llevan a cabo sin esfuerzo consciente, y expresar nuestros dones como «algo que hacemos». A veces nuestros dones son fáciles de desarrollar, y nos sentimos nutridos por ellos. En otras ocasiones, son más como una tarea, o su expresión nos provoca duda o miedo. Podemos recordar las plantas actuando para el bien de todos, y aceptar nuestros propios dones sin ningún tipo de miedo.

EXPRESAR NUESTRA LUZ

La fotosíntesis es la respiración a la inversa. *Respiración* significa re-espirar, recuperar espíritu. Respiramos, nos llenamos de espíritu una y otra vez. Tanto si respiramos conscientemente sentados quietos como una planta enraizada, como mientras cultivamos el jardín en una meditación en movimiento, reflejamos los procesos naturales de producción de energía y transformación de la luz. En las enseñanzas espirituales de todas las culturas, también estamos hechos de luz, la luz brillante de nuestro interior. Expresar nuestros dones, en una danza equilibrada de dar y recibir, es una forma de compartir esta luz con el mundo. *Síntesis* significa «juntar», por lo que realizamos nuestra propia versión de la fotosíntesis, juntando luz, cuando tomamos las experiencias, nuestros dones naturales y las habilidades que hemos desarrollado, las sintetizamos y las compartimos con el mundo.

REFLEXIÓN
DESPERTAR LAS PALABRAS

Escribir es una forma de expresar los pensamientos al mundo, queramos o no compartir con otros lo que hemos escrito. También es una especie de autocuidado, que nos permite dedicar tiempo a escuchar nuestras mentes y expresar pensamientos, conceptos y sentimientos internos. Para hacerlo con éxito, necesitamos una conciencia despierta de nosotros mismos, nuestras necesidades y el funcionamiento de nuestras mentes. A través de la escritura consciente, llegamos a conocernos mejor, dar forma a las ideas y cosechar el producto de nuestra imaginación.

La atención plena nos ayuda a aprovechar la creatividad y nos proporciona enfoque y control. Comenzamos como niños, escuchando historias e inventando otras. Entonces un maestro nos enseña a escribir. Después, nada debería detenernos; el mundo está lleno de inspiración, y poseemos el potencial de prender nuestra propia magia con este fuego colectivo. Pero muchos carecemos de la confianza para expresarnos con palabras. Dudamos de nuestro derecho a hablar y tememos el juicio de los demás. Cualquier otra tarea parece prioritaria sobre el deseo de escribir. Tales preocupaciones son simples distracciones, pero interrumpen nuestra concentración e impiden nuestra visión. Con la atención plena, podemos ver estas distracciones por lo que son, y aprender la conciencia del momento presente, vital para nuestra escritura.

AGOSTO

NATURALEZA

MOMENTOS DE CONCIENCIA PLENA EN LA NATURALEZA

Reservar un tiempo semanal para la naturaleza, o mejor aún en la rutina diaria, significa elegir activamente cómo experimentamos el mundo que nos rodea. No apresurarse, ni simplemente detenerse a oler las rosas, sino profundizar aún más. Mirar más allá de la belleza obvia de las rosas y contemplar todos los aspectos de la naturaleza nos muestra que la belleza también puede existir en lo decadente (una hoja caída, una flor moribunda, una telaraña rota) y en los aspectos ignorados de nuestra vida. Cuando tus ojos se abren para ver y experimentar las sutiles complejidades de la belleza en la naturaleza que te rodea, entras poco a poco en un proceso más consciente de presencia en el mundo.

VISUALIZACIÓN
EL PODER SANADOR DEL AGUA

Aprovecha el poder del agua para favorecer la curación, incorporando estos consejos en tu horario. Sumerge cuerpo y alma en energía curativa durante todo el día bebiendo agua. Así mantendrás tu cuerpo hidratado y también te ayudará a mantener la concentración en situaciones difíciles. Imagina que cada sorbo está cargado de energía positiva, que pasa a través de ti mientras bebes.

Si necesitas una pizca de vitalidad, coloca las muñecas debajo del grifo de agua fría durante al menos un minuto. Mientras lo haces, imagina una corriente de luz blanca viajando por cada brazo y por todo tu cuerpo. Respira profundamente y relájate.

Si no, llena el fregadero con agua fría y sumerge las manos. Cierra los ojos e imagina que estás sumergiendo tus manos en el mar.

El agua fría sobre las muñecas reduce la temperatura del cuerpo y la frecuencia cardíaca, y ayuda a reducir los niveles de cortisol, la hormona del estrés. Esto, junto con una visualización relajante, te tranquilizará instantáneamente.

AGOSTO

*Todo está bien,
todo está en calma.*

*Me dejo llevar por
las fluctuaciones.*

Suelto el dolor, lo dejo ir.

*Me baña una energía
sanadora.*

DIARIO
ESCRITURA CONSCIENTE

Escribir conscientemente es imaginarse en tiempos de la pluma y el papel o la máquina de escribir, y pasar de un enfoque expeditivo a uno lento y consciente del uso de las palabras. Compón una oración. Detente y respira. Mira la oración y considera lo que realmente dice. ¿Comunica de manera clara y precisa lo que querías decir? Ten en cuenta la legibilidad del texto. Cámbialo si es necesario antes de continuar con la siguiente oración o párrafo. Elimina la prisa de la escritura. Reconoce que el recuento de palabras no indica progreso. La medida del éxito podría ser la precisión de la comunicación y la forma y aspecto de la prosa tan elegante e intencionalmente elaborada como una escultura hecha de una sola piedra. La medida del éxito también podría ser la experiencia de escribir como algo placentero. Deléitate con la variedad y posibilidades de las palabras y el potencial que ofrecen para la comunicación y la comprensión.

LA ESTÉTICA DE LA ESCRITURA

La escritura posee una cualidad estética. No necesitamos estar siempre frente el ordenador. Tal vez podrías pasarte al lápiz y el papel para tu borrador. Siente cómo tus dedos sujetan el lápiz. Escucha el sonido del grafito en el papel y siente la sutil fricción de este contra la superficie. Prueba a escribir con una pluma de caligrafía, un proceso que requiere cierta conciencia y presencia, involucrarse visualmente con la tinta y usarla con control, observándola a medida que disminuye, observando su cambio de flujo y volviendo a entintar antes de que se seque. Incluso el ruido del tecleo del ordenador puede producir una especie de ritmo musical que traiga consigo una sensación de deleite.

ESCRIBIR CON INTENCIÓN

Si bien la conciencia plena en la escritura puede ejemplificarse por el uso lento y considerado del lenguaje y la experiencia física, también hay un lugar para el derramamiento atronador de la escritura libre. No hay nada como quitar el freno de mano y escribir rápido y libremente, dejando fluir las palabras sin juicio, consideración ni cuidado por la ortografía o la gramática, permitiendo que lo que surja en la mente se derrame en la página sin dudar. Este tipo de escritura puede purgar el bloqueo de los escritores, energizarnos y ayudarnos a encontrar una frase o expresión atrapada en nuestro interior. La escritura libre es la escritura auténtica, que ocupa la mente tan bien que simplemente no podemos desviarnos. Después de tal diluvio, la mente se aquieta, lista para comprometerte con la escritura lenta y considerada una vez más, hasta que se produzca el estancamiento y estés preparado de nuevo para correr.

La escritura consciente significa escribir con intención. Estar presente en el acto de escribir, encarnar la experiencia física y observar la experiencia mental. Cuando escribimos conscientemente, usamos la práctica de escribir como el foco de nuestra meditación, durante la cual damos testimonio de nosotros mismos en el acto creativo. Es una bella experiencia para el autor.

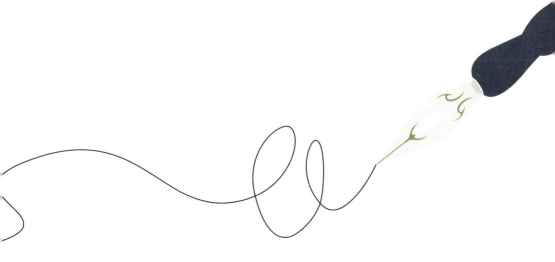

NATURALEZA

MELISA
Melissa officinalis

La melisa es una planta común que se cultiva para su uso como remedio casero; tradicionalmente se ha considerado un tónico para levantar el ánimo. Su nombre latino, *Melissa*, significa «abeja melífera» en griego; a las abejas les encanta alimentarse de las flores ricas en néctar que aparecen durante todo el verano. Las semillas se cosechan en agosto, cuando también se pueden tomar esquejes.

TALLOS Verticales, enjutos, en ramificación cuadrada.

HOJAS Verdes, anchas, con aroma a limón, dentadas y de crecimiento opuesto en el tallo.

FLORES Blancas, hermafroditas, llenas de néctar, de 1,3 cm (½ in) de largo y forma tubular, bilabiadas.

SEMILLAS De 1 mm (1/25 in) de largo, lisas, negras y ovaladas.

USO DE LAS BOMBAS DE SEMILLAS Abril y septiembre.

GERMINACIÓN 1-3 semanas.

COSECHA DE SEMILLAS Las semillas están maduras en agosto-octubre.

CUIDADOS DE LA PLANTA La poda regular promoverá el crecimiento de hojas nuevas y evitará la propagación vigorosa. Para mantener el follaje, corta unos pocos tallos florales, pero deja algunos para que las abejas disfruten. Divide en primavera u otoño y toma esquejes en julio/agosto. Se autosiembra fácilmente a partir de semillas y se puede propagar con esquejes de tallo, que enraizarán bien si se dejan en un frasco con agua. Puede ser invasiva, ya que crece rápidamente y se propaga sin dificultad. Una forma de controlarla es mantenerla en parterres o cultivarla en maceta y hundir la maceta en el suelo. La melisa requiere riego regular, pero no precisa abono.

USOS CULINARIOS Y MEDICINALES Las hojas son las principales partes comestibles, y se usan por su aroma y sabor a limón; se pueden comer crudas o cocidas. La melisa se puede utilizar para aromatizar sopas, ensaladas, salsas, rellenos de aves de corral y verduras, infusiones y bebidas frías y alcohólicas. Se emplea por sus propiedades antibacterianas y antivirales para ayudar a tratar problemas digestivos, tos, resfriados y gripe, calambres menstruales y dolor de muelas, para curar heridas y, según algunos estudios, para calmar los nervios y la tensión. En la Edad Media era una planta panacea para tratar erupciones cutáneas y tortícolis, y para aliviar las náuseas matutinas.

OTROS USOS Incluso después cosecharlas, las hojas y las flores poseen un aroma duradero y se pueden usar como popurrí. Se pueden aplicar las hojas trituradas frotándolas sobre la piel como repelente de mosquitos.

OBSERVACIÓN DE ESTRELLAS

LLUVIA DE METEORITOS DE LAS PERSEIDAS

La constelación de Perseo es conocida por su lluvia anual de meteoros, una de las más prominentes en el cielo, visible desde mediados de julio cada año para todos los que viven al norte de 17 ° S. El pico de actividad suele ser a mediados de agosto.

Si alguna vez has intentado ver un meteorito (estrella fugaz) sabrás que puede ser una empresa frustrante. Alguien dice: «¡Mira, ahí!», y para cuando te has vuelto, ¡se ha ido! Los meteoritos proporcionan un momento fugaz de gloria cuando un trocito de roca espacial se quema en nuestra atmósfera. En contraste con el cielo nocturno aparentemente inmutable, nos recuerdan la danza constante del universo y la naturaleza cambiante de las cosas. Nada es fijo: algunas cosas cambian rápidamente (como un meteorito) y otras cambian demasiado lentamente para que las percibamos (el movimiento de las estrellas y las galaxias), pero puedes estar seguro de que todo se mueve.

REFLEXIÓN
TOCAR LA HISTORIA DE UNA CIUDAD

La ciudad es una amalgama de lugares que nos invitan a usar el sentido del tacto, así como los ojos y oídos. Los jardines botánicos y los parques públicos son algunos de estos lugares obvios. Pero las fuentes, las esculturas y los edificios antiguos también pueden ofrecer placer sensorial. Pasar la mano por un animado chorro de agua mientras brilla a la luz del sol es un placer lúdico e infantil, pero también una acción instintiva que brinda un disfrute sencillo que nos conecta con la tierra.

Colocar una mano sobre un monumento venerado puede hacernos más conscientes de lo que representa. Pero también nos recuerda a las innumerables personas que han estado en el mismo lugar y han encontrado consuelo espiritual en él, o momentos cruciales que dieron forma a la historia de la ciudad. El tacto es una forma de sentir este conocimiento.

Los lugares históricos de nuestras ciudades ofrecen oportunidades para relacionarnos con ideas y personas de una manera más contemplativa que leyendo la información en un libro. Experimentarlos con las manos puede conectarnos con personas que vivieron antes que nosotros, lo que conduce a una comprensión más profunda de la identidad psicológica de la ciudad.

NATURALEZA
COMPARTIMOS EL MUNDO

Las aves son una ventana al mundo natural. La observación de aves, con o sin prismáticos, puede ser una forma accesible y agradable de meditar en el rico ecosistema global que habitamos. En este vasto y antiguo universo, la evolución de la vida en la Tierra, con toda su biodiversidad, es un milagro, y nosotros, sorprendentemente, somos parte de él. Solo hay que darle un descanso a la mente, observar y escuchar.

Existen casi 10 000 especies de aves, desde el diminuto colibrí zunzuncito o el martín pigmeo africano hasta el gigantesco cóndor y el albatros de anchas alas. Flotan a través de los cielos, se sumergen profundamente en los océanos, acechan en la sombría maleza de los bosques y observan en las llanuras abiertas. Están en todas partes. Reconocerlos y conocerlos puede ser una fuente de puro deleite. También es una manera de poner en práctica la atención plena, de ser más conscientes de quiénes somos y de cómo llegamos aquí, y de nuestro papel como seres humanos en la intrincada red de vida de este mundo glorioso pero frágil.

Con la observación de aves, aprendemos paciencia y a estar quietos, habilidades necesarias en la ruidosa, ajetreada y ansiosa vida moderna que muchos nos vemos obligados a soportar. Se trata de una actividad que puede ser, en sí misma, una forma de atención plena, calmando tanto el corazón como la mente.

AGOSTO

A veces nos preguntamos cómo será el mundo natural para las generaciones futuras. La destrucción de hábitats causada por la agroindustria y la urbanización, la contaminación de los océanos con plásticos y venenos, y el uso irresponsable de pesticidas están empujando a algunas especies al borde de la extinción.

Tenemos el deber de asumir la responsabilidad de la salud del mundo natural. Si no reconocemos esta responsabilidad es porque no somos verdaderamente conscientes de que nosotros también formamos parte de la naturaleza.

REFLEXIÓN

CONECTAR CON EL MUNDO EXTERIOR

Ser parte de nuestro entorno, en lugar de permanecer separados del mundo, es un aspecto de la atención plena que nos permite sentir y pensar de una manera más profunda. Exige una compasión que nos falta con tanto parloteo interior o a causa de un enfoque intenso en el trabajo. Cuando miramos a nuestro alrededor y vemos a otras personas, la vida silvestre o la naturaleza, incluso cuando dejamos que el sol nos dé en la cara por un momento, salimos de nosotros mismos y nos conectamos con el mundo que nos rodea. Vivir en sociedad significa convertirnos en mejores seres humanos al mostrar conexión y compasión, en lugar de mirar solo hacia dentro, y respirar o pensar o sentir solo nuestras emociones. Apresurarse para terminar proyectos, cumplir plazos y expectativas, o simplemente asistir a citas y eventos, significa que rara vez estamos centrados o conectados con el momento, ni con las personas que nos rodean, sino que estamos atrapados en un torbellino sobre el que no tenemos control.

Aprender a detenerse y descansar, te ayudará a acordarte durante un día de trabajo intenso, o con el ruido de los niños alrededor, de dar un paso atrás, aunque sea por un momento, y simplemente no hacer nada más que tomar el sol o sentir la brisa en el rostro. Estamos tan atrapados en nuestro quehacer que a menudo se nos olvida la simple tarea de beber agua.

AGOSTO

Reservar tiempo para dejar momentáneamente lo que estemos haciendo y reponer el cuerpo es vital para un estilo de vida saludable y una perspectiva apacible de la vida. Si bien puede parecer contrario a la práctica popular, eso te permitirá notar hasta qué punto necesitabas el espacio, el tiempo y la tranquilidad. Un descanso puede ser tan simple como salir al jardín, o detenerse y mirar al cielo, pero este momento permite al cuerpo estirarse y revitalizarse, a los ojos, enfocarse en otra cosa por un instante, y al cerebro, el espacio para detener los pensamientos repetitivos.

OTOÑO

LISTA DE REPRODUCCIÓN PARA EL OTOÑO

• *Autumn Sweater* – Yo La Tengo

• *California Dreamin'* – The Mamas & The Papas

• *Harvest Moon* – Neil Young

• *Autumn Town Leaves* – Iron & Wine

• *My Cosmic Autumn Rebellion* – The Flaming Lips

• *I Am The Black Gold Of The Sun* – Nuyorican Soul

• *Meet Me On The Equinox* – Death Cab For Cutie

*Respeto los ritmos
de la naturaleza y los míos.*

Las hojas caen y brotan, como yo.

Los vientos traen cambios.

SEPTIEMBRE

Tiempo de cosecha. Cultivamos lo que comemos y comemos lo que cultivamos. El huerto es una manera sencilla de conectar con la tierra y con los ciclos de vida naturales.

REFLEXIÓN
EL MENSAJE DEL JARDÍN

Ciertamente, sienta bien estar cerca de las plantas. Cuando las cultivas tú mismo, cultivas relaciones singulares con ellas.

Optar por alimentos locales y frescos es un poderoso acto de presencia y responsabilidad. Cultivar tu propia comida es una de las mejores cosas que puedes hacer por ti y por el planeta. Si cultivas un poco más, repartes alimentos. Ya sea una pequeña maceta de hierbas aromáticas para la cocina o una granja agrícola, la atención plena al cultivo puede extender el importante trabajo de la horticultura hasta el ámbito de la práctica espiritual y la salud emocional.

Un jardín es más que plantas. Son nutrientes y suelo, nematodos y abejas, agua y luz. Cuando exploramos las diferentes partes de un jardín, incluyéndonos a nosotros mismos, vemos lo vasto y complejo que es en realidad. Nos vemos a nosotros como parte de algo más grande. Vemos cómo nuestras acciones afectan a otras partes de ese todo, y cómo a su vez nos afectan a nosotros. De modo que el jardín es una herramienta para la compasión y una comprensión más profunda. Es sabiduría a la que llegamos haciendo, aunque leer sobre el huerto también nos guía a un tipo diferente de conocimiento.

El mensaje del jardín es el mismo en todas partes. Las plantas, y los seres que las cuidan, no piden nada más que respeto y cuidado. No ven tus luchas y no juzgan. Te invitan a estar en relación con ellas, separados pero conectados. Los jardines reflejan nuestra naturaleza esencial, viva, buscando la luz, la esperanza de futuro, pero sin apegos. Tal vez estos pensamientos hagan lo mismo y te inviten a respirar, estirarte y volver a tu ser esencial.

SEPTIEMBRE

MOVIMIENTO
EL SAUCE
Janu Sirsasana

DURACIÓN: 5 minutos
ESTILO DE YOGA: vinyasa yoga
BUENO PARA: aliviar el estrés, calmarse

Siéntate con las piernas extendidas. Inclina la pelvis hacia atrás para sentarte en la parte delantera de los huesos pélvicos. Dobla la rodilla izquierda y lleva la planta del pie izquierdo a la parte interna del muslo derecho. Endereza el tronco y el muslo derecho, extiende la pierna hasta el talón y flexiona los pies. Inhala, baja los hombros y levanta los brazos. Exhala y dóblate hacia delante sobre la pierna derecha, cogiéndote de la espinilla, el tobillo o el pie. Mantén la columna y la pierna extendida rectas. Inhala para volver a la posición inicial y repite con el otro lado.

MODIFICACIONES

Siéntate sobre una manta doblada y, con una cinta apoyada en la planta del pie de la pierna extendida, ayúdate a mantener la columna recta.

VARIACIÓN: COLUMNA ARQUEADA (YIN YOGA)

Dobla ligeramente la rodilla, arquea la columna y apoya la cabeza sobre una manta doblada o un bloque de yoga colocado sobre el muslo.

SEPTIEMBRE

EL SAUCE

GRATITUD
GRATITUD POR LAS HERRAMIENTAS

Como creadores conscientes, la gratitud y el respeto por nuestras herramientas y equipos es algo que debe cultivarse. Disponemos de herramientas y materiales fabricados a diario; algunos duran toda la vida, otros son para usar unas cuantas veces. La sociedad de usar y tirar parece decidida a crear cosas que no están diseñadas para durar más que una corta temporada, lo cual nos obliga a comprar más, pero no tiene por qué ser así. Si nos fijamos en cómo usamos y cuidamos nuestras herramientas, es posible que descubramos que podemos hacerlas durar más tiempo. Esto no solo significa que estamos cuidando las herramientas y el medioambiente en general, sino que además nos ofrece una visión más reflexiva de otras posesiones y nos hace sentir agradecidos por lo que logramos con estas herramientas.

SEPTIEMBRE

REFLEXIÓN
SENTIDO DE LA COMUNIDAD

En una comunidad de jardineros, cada uno debe aportar algo al grupo. Nuestros orígenes, familias, lugar en la vida y lo que nos apasiona: todo son ingredientes para una «sopa de piedras». En el cuento, un tipo inteligente pide a los miembros de una comunidad que aporten algo para la sopa, que hasta el momento consiste solo en agua y una piedra. Cada persona trae un ingrediente: una zanahoria, una patata, un poco de sal. Al final, todos obtienen un plato de sopa y nuevos amigos.

A veces, los cultivadores son más como la piedra, sentados solos, pendientes de lo suyo. Pero incluso para los que somos introvertidos, conectar con otros jardineros de ideas afines fortalece nuestros jardines y nuestras propias vidas.

SEPTIEMBRE

NACE UNA COMUNIDAD

En el budismo, una comunidad es una sangha. La sangha espiritual se basa en las cualidades de conciencia, aceptación, comprensión, armonía y amor. Una comunidad de jardinería ideal también incluiría estas cualidades. Como horticultores, venimos de orígenes, caminos espirituales y enfoques de cultivo diferentes, pero nos une un amor por las cosas verdes y en crecimiento. Los miembros de la comunidad comparten la alegría y el orgullo de cultivar alimentos o flores. Podemos entusiasmarnos con nuevas técnicas y recursos. Podemos apoyarnos cuando las cosas no van bien. Cuando haya algo que celebrar, estaremos allí con un plato saludable. El amor a la Tierra y a los demás son los cimientos de nuestra conexión. Las plantas son poderosas para construir comunidades, ya que todos dependemos de ellas todos los días.

DIARIO
ACRÓSTICOS

Una forma divertida de jugar con las palabras de manera creativa es escribir acrósticos. Un acróstico es un tipo de poema donde las letras iniciales de cada verso se pueden leer juntas para formar una palabra, que es en efecto el título del poema. Se suele usar el nombre de alguien como título para un acróstico; puede usarse en una tarjeta de felicitación como homenaje original y afectuoso o humorístico a un amigo. Cualquiera que sea la palabra o el nombre que se elija como título, se pretende que sea comentado o definido por el verso. Los versos no suelen ser muy largos, ya que los acrósticos tienden a ser concisos.

TELÉFONO

Tú me llamas, a saber desde dónde,
Esté yo donde esté.
La voz contenta te responde,
Escucho con curiosidad y placer.
Fabuloso invento, benditas
Ondas de conexión.
Necesito el móvil, no sé estar sin él.
Oh, tanta dependencia no puede hacerme ningún bien.

SEPTIEMBRE

VISUALIZACIÓN
EXPANDE TU ENERGÍA

Cierra los ojos e imagina que tu espíritu sale por un agujero de la parte superior de tu cabeza. Tu cuerpo etéreo se expande, y sientes que tu energía crece en todas direcciones. Mira alrededor del espacio y mírate desde arriba, luego expándete más. Imagina tu cuerpo espiritual filtrándose a través de las paredes que te encierran. Imagínalo estirándose en todas direcciones. Tu vista alcanza kilómetros por arriba y por abajo, y aún continúas creciendo, llegas al cielo, por encima de las nubes. Ves la inmensidad del universo y sabes que formas parte de él. Puedes ir a cualquier parte y ser cualquier cosa. No hay límites.

Pronuncia las palabras «No hay límites» tres veces, con sentimiento, luego prosigue con el día con una renovada sensación de libertad.

La afirmación, acompañada de la pequeña visualización, te saca instantáneamente de ti mismo y te trae al momento actual, mientras te da una visión de potencial cósmico.

SEPTIEMBRE

Este es mi momento.

*Adoro la danza de
la vida.*

*Soy libre de ser
lo que desee.*

*¡Listo para la aventura,
listo para lo que sea!*

REFLEXIÓN
LLUEVA O LUZCA EL SOL

Nuestro estado de ánimo es importante cuando se observan los elementos. La forma en que percibimos el clima está fuertemente influenciada por cómo nos sentimos y solo en parte está dictada por las condiciones, y eso es algo que podemos cambiar mediante el uso de técnicas conscientes. Imagina que sales a correr; es un hermoso día soleado con una brisa refrescante. El mundo está vivo, la vegetación es radiante, las colinas se recortan contra el horizonte, la luz del sol brilla juguetona en la superficie del agua y el viento refrescante susurra en la hierba. A medida que corres empiezas a cansarte; antes de que te des cuenta, te estás concentrando en el calor que te abruma, el viento sopla contra ti y el resplandor del sol en la superficie del agua es cegador. Nada ha cambiado en el clima; tus pensamientos inútiles están tomando el control y se está desarrollando una percepción negativa de los elementos. Con la atención plena podemos cambiar nuestro estado de ánimo y nuestro enfoque mental ante los elementos. Podemos reconvertir ese resplandor cegador y el calor abrasador en luz y vistas espectaculares.

Rara vez nos permitimos aceptar el clima, disfrutar de estar presentes con lo que el mundo nos da hoy. Luchamos y despotricamos contra las condiciones atmosféricas. Podemos ser tan negativos que a veces ni siquiera disfrutamos del presente por miedo a lo que pueda estar a la vuelta de la esquina. Algunas personas nunca están contentas: demasiado hielo, demasiado calor, demasiada humedad, demasiado viento, e incluso cuando el clima parece perfecto, soltamos: «Bueno, supongo que no durará». Nos deleitamos en nuestras batallas elementales.

NATURALEZA

GIRASOL
Helianthus annuus

Originario de América, los indios americanos lo cultivaban por sus semillas nutritivas. Pertenece a la familia de las asteráceas, junto con las margaritas, y es una planta anual apreciada por sus bellas flores en forma de sol brillante. Octubre es el mes idóneo para cosechar las semillas.

TALLOS Ásperos, hirsutos y leñosos.

HOJAS Anchas, de dientes gruesos, ásperas, de crecimiento alterno en el tallo, más pequeñas cuanto más arriba crecen. Las hojas de la base de la planta están dispuestas en oposición. De bordes aserrados, miden 10-30 cm (4-12 in) de largo, de forma triangular hasta acorazonada, con pelos en la parte superior e inferior.

FLORES Las cabezas florales consisten en numerosas florecillas individuales de cinco pétalos. Las flores exteriores se asemejan a pétalos y forman la periferia del disco. Los girasoles son hermafroditas. Cuando maduran las flores del centro, dispuestas en espiral, se forman las semillas.

SEMILLAS Maduran de septiembre a octubre.

USO DE LAS BOMBAS DE SEMILLAS Principios de primavera, en macetas, y mediados de primavera, en tierra.

GERMINACIÓN 14 días.

SEPTIEMBRE

COSECHA DE SEMILLAS Las semillas están maduras cuando las cabezuelas florales comienzan a secarse y giran hacia el suelo. Corta las flores manteniendo 20 cm (7¾ in) del tallo unido a ellas y cuélgalas boca abajo dentro de una funda de almohada. Al cabo de unos días, puedes frotar para desprender las semillas con la mano o un cepillo, o frotando dos flores entre sí.

CUIDADOS DE LA PLANTA Cultívalo a pleno sol, en suelo fértil, húmedo pero bien drenado, pH 5,7-8,5. Los girasoles crecen bien en suelos secos y pobres, y necesitan poca agua o fertilizante.

PLAGAS Y ENFERMEDADES Polilla del girasol, gusano cortador, babosas, caracoles, mildiú de la vid, oídio, roya.

USOS CULINARIOS Y MEDICINALES Las semillas son deliciosas y ricas en grasas; con ellas se elabora aceite y mantequilla, o pueden molerse y usarse en panes y repostería. Las semillas germinadas se pueden comer crudas. Se cree que una infusión preparada con las hojas es útil como astringente, diurético o expectorante.

REFLEXIÓN
EL VERDADERO VALOR DEL CICLISMO

El ciclismo tiene que ver con la libertad. La bicicleta proporciona un medio de escape de los confines del hogar, el trabajo, el teléfono y la bandeja de entrada, una oportunidad para, temporalmente, dejar de estar disponible y desaparecer. También se trata de reconectar y ser conscientes de los sentimientos, las sensaciones físicas y el mundo que nos rodea. De afrontar y superar los desafíos, miedos y límites. Se trata de la autosuficiencia y la independencia, y también de la compañía de los demás, y los encuentros con extraños. Se trata de recuperar un sentido de asombro infantil y retrotraerse a días más simples e inocentes. Se trata de estar en la naturaleza, a su nivel y en sus condiciones, y sentir el largo y lento paso de las estaciones. Se trata de una nueva apreciación de las leyes de la física y de encontrar formas de superarlas, aunque permanezcan inquebrantables. Se trata, sobre todo, de plena conciencia. El mundo moderno la dificulta, con sus constantes distracciones, presiones, demandas y expectativas. La bici ofrece una gran variedad de cosas en las que centrarnos: la sensación en las piernas, la textura de la carretera, los cambios de temperatura, un vehículo que se acerca, una criatura salvaje apenas vislumbrada, un nuevo sonido del mecanismo de la transmisión, una curva cerrada en un descenso inclinado, todo nos devuelve al momento inmediato. Y en este estado presente, consciente, el resto se desvanece. Si, en este momento, la bici sigue avanzando, estarás subiendo la colina que creías imposible. De esta comprensión viene la resiliencia.

SEPTIEMBRE

MEDITACIÓN

TRAER CALMA A UN MUNDO RUIDOSO

Aprender, a través de la práctica, que la creatividad consciente puede ralentizar la mente, nos enseña a vivir en silencio y encontrar satisfacción en los momentos tranquilos y mundanos de nuestra vida. Cuando escuchas los latidos de tu propio corazón y entiendes tu respiración, puedes trasladar esta práctica y utilizarla para llevar la atención plena a la vida cotidiana. Hasta que no lo intentes, puede parecer extraño o difícil, pero mediante la búsqueda regular de la tranquilidad en cada día, aprenderás que puedes hallar esa tranquilidad en el ajetreo del mundo. Si aprendes a sintonizar con la quietud que te rodea, tal vez viendo caer una gota de lluvia de una hoja, continuarás buscándola activamente cuando te enfrentes a un día ruidoso y estresante. Empleando la calma que te produce hacer algo, y entendiendo que es posible, encontrarás una nueva forma de ser.

Cuando te concentras en un ruido u otra cosa, tu corazón sintoniza con el sonido de tu trabajo creativo y puedes ralentizar el tiempo.

REFLEXIÓN
CALMA Y TRANQUILIDAD PARA CREAR

Una de las alegrías del creador es encontrar momentos de paz para desarrollar su trabajo. En este mundo ajetreado en que vivimos, alejarse del ruido puede ayudarnos a encontrar un sentido más profundo, más significado en nuestro trabajo. Si bien es cierto que no todos los aspectos de la vida creativa necesitan silencio, es bueno para la mente y el trabajo buscar activamente la tranquilidad interna. La charla de un grupo de tejedoras o un compañero de estudio o en la mesa de la cocina son siempre bienvenidos junto al placer de sentarse y crear algo. Pero si siempre estás en compañía, con ruido a tu alrededor, es más difícil encontrar el espacio necesario para contemplar la profundidad del trabajo creativo. Alejarse de las actividades grupales y sentarse en soledad y con tranquilidad es una parte importante del proceso de cualquier creador. Puede parecer difícil reemplazar el placer de crear junto a otra persona con el silencio interminable del trabajo a solas, pero una vez que experimentes tu silencio interno, estos momentos parecerán más especiales y los buscarás.

INSPIRACIÓN DEL INTERIOR

Las conversaciones con nuestro ser interior durante los momentos de creatividad ofrecen una visión más profunda de quiénes somos y cómo encajamos en el mundo. Ser un creador nos brinda la oportunidad de profundizar en aspectos de nosotros mismos que a menudo se pasan por alto en el ruido cotidiano. Nos da ocasión de aprovechar nuestra creatividad innata e ignorar a los críticos externos mientras nos sumergimos en la alegría de hacer. Por supuesto, no todas las ocupaciones pueden gozar todos los días de una autorreflexión tranquila, pero a menos que tratemos de traer algunos momentos de tranquilidad al acto de hacer, podemos terminar pasando demasiado tiempo buscando inspiración fuera, en lugar de encontrarla internamente.

Darse cuenta de qué técnicas se adaptan mejor al flujo tranquilo y consciente de la conversación interna significa la posibilidad de programarlas para momentos en que no haya nadie más cerca. Los momentos más tranquilos del día pueden coincidir con los aspectos más conscientes de la actividad. Trabajar desde el interior de la zona creativa permite que las cosas fluyan sin ser analizadas o juzgadas en exceso. Esto a menudo conduce a la pura belleza de la pieza terminada y, como mínimo, habrás disfrutado de una sesión tranquila de trabajo.

REFLEXIÓN
UN PASEO POR EL BOSQUE

Los árboles crecían en el planeta, bombeando humedad a la atmósfera, exhalando oxígeno, agitados por el viento en los amaneceres, mucho antes de que nosotros estuviéramos aquí. Vieron a los dinosaurios aparecer y desaparecer, fueron testigos del nacimiento de las primeras plantas con flores y establecieron los grandes depósitos de carbón que alimentaron la Revolución industrial. Individualmente, pueden vivir cientos de años. Camina entre árboles y compartirás el aire y la luz con algunos de los seres vivos más antiguos de la Tierra.

UNA EXPERIENCIA TRIDIMENSIONAL

Parte del placer de caminar por un bosque es que te exige que mires en todas direcciones, hacia arriba, hacia abajo, alrededor, y te adentres en sus profundidades, una profundidad que no es aterradora, sino que constituye una experiencia tridimensional. El dosel sobre tu cabeza es tan interesante como el suelo bajo de tus pies; la maleza y los helechos cercanos al camino son tan llamativos como los troncos de los árboles. Soportes de madera recta, como los pilares de una gran catedral, revelan intrigantes cavernas de espacio, oscuras y misteriosas. El caminante no puede evitar mirar entre las plantas y más allá, entre las ramas y los troncos, sondeando la penumbra y las sombras.

OCTUBRE

Instintivamente caminas por el bosque con lentitud, como si te aventuraras en un terreno sagrado. Hay tanto que asimilar, los sentidos alertados desde todas las direcciones: el olor a marga y hojas en descomposición, el aleteo de una paloma torcaz, el crepitar de ramitas cuando una criatura asustada, vislumbrada un instante en la luz moteada, desaparece en la densa maleza.

Encuentra un lugar donde detenerte. Palpa la textura del tronco de un árbol, los flancos lisos de una haya o la corteza áspera y esponjosa de una secuoya. Respira hondo e inhala el olor del suelo del bosque. Si es posible, busca un sitio donde sentarte, tal vez un tronco, o con suerte, si caminas por el bosque de un parque, puede que un banco. Este sería un buen lugar para realizar un ejercicio de respiración consciente.

Tómate tu tiempo. Reconoce cualquier pensamiento que te distraiga o te moleste; reconócelos y déjalos ir. Concéntrate en el aire mientras inhalas poco a poco, abriendo los pulmones y luego exhalando sin esfuerzo. Toma conciencia de ti mismo como un cuerpo que respira sentado entre los árboles.

MOVIMIENTO
LUNA CRECIENTE DE PIE
Indudalasana

DURACIÓN: 2-3 minutos
ESTILO DE YOGA: purna yoga
BUENO PARA: aumentar la concentración, activar el cuerpo

Comienza en la postura de la montaña, con los pies juntos o algo separados. Gira las palmas de las manos hacia el frente. Inhala y eleva los brazos desde los lados y hacia arriba de modo que las palmas se encuentren por encima de la cabeza. Mantén los hombros hacia abajo, lejos de las orejas, especialmente cuando las manos se toquen. Estira las manos hacia el cielo y enraízate a través de los pies. Exhala y dóblate hacia la derecha, manteniendo el hombro izquierdo encima del derecho. Inhala para volver al centro. Repite hacia la izquierda. Para deshacer, exhala y baja los brazos suavemente.

MODIFICACIONES

Mantén los pies separados en línea con la cadera y las manos separadas en línea con los hombros.

VARIACIÓN: CON UNA PIERNA (NIVEL INTERMEDIO)

Al inclinarte hacia la derecha, levanta la pierna hacia el brazo derecho. Exhala para bajar la pierna de nuevo al suelo. Repite con la izquierda.

OCTUBRE

LUNA CRECIENTE DE PIE

GRATITUD
MAESTROS DE MINDFULNESS

Los hongos nos recuerdan que el cambio, la curación y el crecimiento llevan tiempo. Con nuestras vidas relativamente cortas y la tendencia a distanciarnos de la naturaleza, los humanos queremos que las cosas sucedan de inmediato. Queremos que la hora de plantar semillas sea ya, a pesar de que todavía es finales de invierno. Luego, queremos que las plantas crezcan, florezcan y fructifiquen. Al crecer ocultos a nuestros ojos en procesos misteriosos, los hongos, de crecimiento tal vez más lento que el de otros seres del jardín, nos recuerdan que debemos darnos tiempo para crecer y evolucionar. A veces hay que dejar que las cosas reposen mientras se tejen los hilos de la transformación.

Curiosamente, cuando nos hacemos presentes, conscientes de existir en este momento, dejamos atrás nuestra impaciencia y prisa. Tal vez los hongos sean maestros de mindfulness. Cierto es que no están encerrados en sus mentes, estresados para decidir qué partícula de celulosa deconstruir a continuación. Los hongos, igual que las plantas, pueden convertirse en maestros y mostrarnos cómo estar presentes y permitir que ocurran cambios a lo largo del flujo natural del tiempo.

OCTUBRE

Los hongos nos enseñan equilibrio, interconexión y la fuerza de la diversidad. Enriquecen el jardín y el bosque, y pueden llegar a ser claves para un futuro sostenible. Los investigadores están muy interesados en el potencial de los hongos en el campo de la medicina, en especial en lo que respecta al tratamiento del cáncer. Ciertos hongos son capaces de limpiar sitios contaminados con tóxicos. Un equipo de diseñadores ha ideado la fabricación de sustitutos del cuero y la madera a partir de hongos, que cuestan menos y son más sostenibles que la ganadería o la tala de árboles. Dondequiera que crecen, los hongos producen un suelo rico, un regalo para los horticultores. La próxima vez que los veas en tu jardín, dales las gracias, porque es probable que estén creando salud para el suelo.

NATURALEZA
DISPERSIÓN DE SEMILLAS

Las plantas cuentan con muchas estrategias ingeniosas de favorecer la dispersión de semillas de manera eficiente. Las plantas se adaptan a formas y tamaños que logran las máximas posibilidades de dispersión, algo que depende de dónde les guste crecer.

He aquí algunas maneras que tiene la semilla de viajar desde la planta madre hasta su nuevo lugar de crecimiento.

VIENTO

Algunas semillas desarrollan una forma que les permitirá ser transportadas por el viento, como los paracaídas del diente de león, con pelos plumosos que les ayudan a recorrer largas distancias. Las sámaras del arce, con alas similares a hélices, giran a medida que caen del árbol y puede llevárselas el viento. Las flores de las borbonesas se transforman en una especie de pimentero que libera las semillas a través de pequeños agujeros cuando el viento sopla el tallo.

OCTUBRE

AGUA

Las plantas que crecen junto al agua dependen de ella para llevar sus semillas a nuevos lugares, como la palma, con sus cocoteros flotantes, o la col de mar (*Crambe maritima*). De esta manera viajan largas distancias y germinarán en el agua o cuando alcancen una orilla fangosa.

EXPLOSIÓN

Al secarse, algunas vainas vegetales se abren explosivamente y expulsan sus semillas: las leguminosas, por ejemplo, como la aulaga y el guisante. Cuando las vainas se secan, se forma una tensión en la pared de la vaina que acaba liberándose como un resorte y dispara las semillas lejos.

AUTOESTOP

Algunas semillas han desarrollado ganchos o espinas que se adhieren a los animales o humanos y les acompañan grandes distancias, como la bardana y el pie de gallina.

REFLEXIÓN
CREACIÓN CONSCIENTE

Crear puede consistir en el goce de usar las manos para hacer algo. Pero si se conectan la cabeza y el corazón con el proceso, a través de pensamientos conscientes, podemos alcanzar una profundidad más rica con la práctica creativa. El acto de unir las manos, el corazón y la cabeza consigue algo más grande, y nos permite comprendernos mejor a nosotros mismos. Las cosas que hacemos con las manos son capaces de fomentar un cambio en nuestras mentes y corazones.

Ser un creador de corazón va más allá del acto de usar las manos para hacer algo: en nuestro profundo interior, habrá un sentido para aquello que hacemos, la manera de hacerlo y las conexiones que creamos a lo largo del proceso.

OCTUBRE

DIARIO
CUIDAR DEL ESCRITOR

El compromiso con nuestra escritura conlleva la necesidad de cuidar al escritor de nuestro interior. A continuación, proponemos seis «áreas de mantenimiento» que precisan atención regular:

1. Somos escritores y necesitamos escribir. Nos sentimos intranquilos si pasa demasiado tiempo entre sesiones de escritura. Retomarla nos ayuda a sentirnos mejor.

2. Necesitamos que se escuche nuestra voz, por lo que conectamos con nuestra voz interior cada día.

3. Las endorfinas que libera el ejercicio físico nos animan y alientan, de modo que lo practicaremos con regularidad.

4. Nuestro talismán de escritura puede ayudarnos a encontrar la inspiración. Busca un artefacto u objeto que te recuerde al escritor que llevas dentro, y guárdalo en el bolsillo o sobre el escritorio.

5. Formamos parte de la naturaleza, por tanto, expongamos nuestros sentidos a la naturaleza cada día, aunque solo sea para notar el aire y ver el cielo.

6. Es necesario «alejarse» y dedicar un tiempo a tomar conciencia, sin juzgar, de las realidades de nuestra vida, y de la creatividad como parte esencial de esa vida. Concédete ese tiempo cada día.

OCTUBRE

MANUALIDAD
PARCHES

Los parches interiores son un gran método para reparar la ropa. Se cose un parche por el reverso de una prenda agujereada o rota, y luego se crean diferentes diseños de puntadas sobre el parche. Ten en cuenta que los parches se desgastan considerablemente, así que conviene elegir telas duraderas. Esta actividad es maravillosa para abrazar la creatividad consciente: si no tienes un patrón en mente, comienza a dar puntadas en el margen del parche y observa dónde te llevan.

HERRAMIENTAS Y MATERIALES

- Una prenda que precise un arreglo
- Parche de tela, con 5 cm (2 in) de margen que abarque todo el perímetro del agujero que precises cubrir
- Agujas imperdibles o adhesivo temporal de hilvanado
- Hilo de coser adaptado al peso de la tela
- Aguja y dedal (opcional)
- Tijeras

OCTUBRE

INSTRUCCIONES

1. Dale la vuelta a la prenda y aplana el área que hay que reparar.

2. Coloca el parche bocabajo sobre el agujero, asegurándote de que cubra un margen adicional de al menos 5 cm (2 in) alrededor del roto. Si el tejido que rodea el agujero está desgastado, asegúrate de cubrir más área con el parche.

3. Fíjalo con imperdibles o grandes puntadas. Si usas adhesivo temporal en aerosol en lugar de hilvanar, rocíalo sobre el lado bueno del parche y pégalo en su lugar.

4. Dale la vuelta a la prenda otra vez para que quede del derecho.

5. Marca tu diseño en la prenda, cubriendo toda el área que debas remendar. Pero recuerda que cuanto más densa sea la costura, más fuerte quedará el remiendo, así que conviene dar puntadas más bien juntas.

6. Una vez que estés a punto para coser tu diseño, enhebra la aguja, tráela desde la parte posterior y comienza a coser.

7. Cuando hayas terminado, anuda el hilo en el reverso y córtalo. Vuelve a girar la prenda al revés y, si quedan áreas no cosidas del parche, recórtalas. Retira los imperdibles o los puntos de hilvanado. Gira la prenda del derecho y ya la tendrás lista para usar.

REFLEXIÓN
REINO DE LOS HONGOS

Serpenteando por el suelo entre troncos podridos, están los magos ocultos del mundo natural. El micelio, las hebras blancas producidas por algunas especies de hongos, transforma la materia orgánica en humus nutritivo. Los horticultores empiezan a aprender lo que los bosques saben desde hace milenios, que el suelo rico proviene en gran medida del trabajo de los hongos, y aprenden a invitarlos al jardín en lugar de destruirlos. Si bien es cierto que algunos hongos son responsables de enfermedades de las plantas, como royas o mohos, la mayoría de ellos son beneficiosos. Los hongos y el micelio extraen carbono de la materia vegetal y enriquecen el suelo. Crean tierra al descomponer la madera y otras fibras y las convierten en humus. Ciertos hongos incluso ayudan a proteger las plantas de insectos y herbívoros.

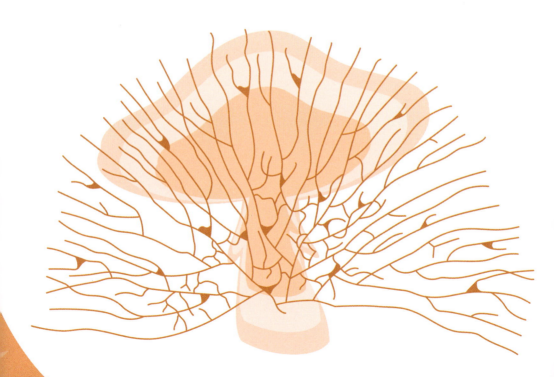

OCTUBRE

SINTONIZA CON LOS HONGOS

El micelio, estos zarcillos discretos de algunos tipos de hongos, hacen más que descomponer la materia vegetal. También forman parte del internet de la naturaleza. Al conectarse a la red de micelios, las raíces de las plantas pueden comunicarse a través de señales químicas con otras plantas. Esta red de comunicación cubre grandes distancias y puede unir diferentes especies. La red ayuda a las plantas a compartir nutrientes y construye sus sistemas inmunológicos al ayudar a combatir los patógenos. En nuestra era de la información, podríamos aprender mucho de los hongos, que perfeccionaron la autopista de la información hace mucho tiempo.

El jardinero consciente sabe sentarse y escuchar, aprender de este reino de hongos, setas y micelio. ¿Qué nos dicen las blancas hebras viajeras sobre los ciclos de la vida? Una cosa que se debe aprender de los hongos es que no todos son iguales, y los diferentes tipos llevan a cabo distintas funciones. Algunos descomponen la lignina vegetal, mientras que otros transforman la celulosa. Otro tipo de hongos recientemente descubiertos, los hongos endófitos, viven entre las células vegetales y protegen a las plantas de los herbívoros y la sequía. El mundo de los hongos es vasto y variado, y eso que solo estamos empezando a entenderlo. Esto muestra el valor de la diversidad, y es un recordatorio para escuchar las distintas voces de los demás, especialmente las que difieren de las que estamos acostumbrados.

NATURALEZA
COSECHAR SEMILLAS

La mejor manera de reunir tu colección de semillas es cosecharlas directamente de las plantas. Cuando recolectas de la naturaleza, vas directamente a la fuente: ella te indica las condiciones en las que prosperará la planta, cuánto crece, cuándo florece y cuándo echa semillas.

EL MEJOR MOMENTO

Cosecha semillas cuando la flor haya muerto y la vaina esté madura e hinchada. A veces no hay pétalos o han muerto y se han vuelto marrones o negros. Varía de una planta a otra y ocurre durante todo el verano y en los meses de otoño. Si recolectas las semillas justo antes de que se dispersen naturalmente, sabes que estarán maduras. Infórmate sobre la planta para averiguar cuándo echa semillas.

LA MEJOR MANERA

Esto varía y depende del tipo de fruto. Con la borbonesa, por ejemplo, las semillas se dispersan por el viento y las aberturas aparecen cuando la vaina de la semilla se seca; por tanto, puedes recolectar la semilla justo antes de que aparezcan las aberturas en la vaina. Esto te permitirá recolectar un mayor número de semillas. Si eres un coleccionista entusiasta, lleva lo siguiente cada vez que salgas de paseo por el campo:

- Cámara
- Lápiz o bolígrafo
- Bolsas de papel
- Podadera o tijeras
- Cordel

OCTUBRE

INSTRUCCIONES

1. Fotografía la planta de la que recolectas.

2. Etiqueta cada bolsa, aunque no sepas de qué planta se trata. Anota rasgos distintivos que te ayuden a identificar el cultivo al llegar a casa: por ejemplo, «flores azules similares al cardo, pero sin hojas espinosas».

3. Corta la semilla o vaina, dejando al menos 20 cm (7¾ in) de tallo si es posible.

4. Mete los tallos en la bolsa de papel etiquetada, con las vainas boca abajo. Cuando tengas unos 20 tallos, ata la bolsa rodeando los tallos.

5. Almacena las bolsas colgadas en un lugar seco y cálido, como la cocina o una despensa aireada.

6. El tiempo necesario para que las vainas estén lo bastante secas como para liberar las semillas en la bolsa también varía de una planta a otra, y puede tomar varias semanas.

7. Verifica de vez en cuando el interior de la bolsa para ver si las vainas se han secado. A menudo se oye como caen.

CONSEJO

Cuando coseches semillas, no seas codicioso: deja algunas para que las aves se alimenten y para que crezcan las plantas futuras.

NATURALEZA

DISPÓN DE TU PROPIO BANCO DE SEMILLAS

SEPARAR EL GRANO DE LA PAJA

Una vez que las vainas estén secas, las semillas estarán listas para separarlas de los restos de planta que las acompañan. Puede resultar complicado, y conviene preparar un espacio despejado y las herramientas adecuadas para comenzar. Hay diversas maneras de sacar las semillas de la vaina, en función de la planta. Las semillas que dispersa el viento se liberan de las vainas golpeando suavemente sobre un recipiente o un papel. Algunas disponen de cámaras, donde las semillas se esconden y deberán chafarse suavemente en un tamiz sobre un recipiente; el tamiz atrapará la paja y permitirá que la semilla caiga. Las semillas agrupadas en cabezuelas, como las de caléndula, deben extraerse con pinzas una vez que se hayan secado.

HERRAMIENTAS Y MATERIALES

- Bolsas con semillas secas (pp. 284-285)
- Papel de periódico
- Recipiente
- Tamiz
- Pinzas
- Recipiente de papel o cartón
- Tarro hermético
- Bolígrafo o lápiz
- Etiqueta

OCTUBRE

INSTRUCCIONES

1. Vacía las bolsas, planta por planta (para no mezclar las semillas).

2. Extiende el periódico sobre una mesa o en el suelo y coloca el recipiente encima.

3. Dispón el tamiz sobre el recipiente.

4. Abre la bolsa, dejando las esquinas intactas, ya que pueden esconderse semillas allí.

5. Retira los tallos y déjalos sobre el papel de periódico.

6. Vuelca el resto de semillas de la bolsa sobre el tamiz para separar los restos.

7. Separa con las pinzas las semillas atrapadas en espacios difíciles.

8. Deja secar las semillas un par de días en el recipiente de papel o cartón.

9. Guárdalas en un tarro hermético y etiquétalas para identificarlas con facilidad.

10. Consérvalas en un lugar fresco, seco y oscuro. Un buen almacenamiento alarga la vida de las semillas considerablemente.

VISUALIZACIÓN
AUMENTA TU CONFIANZA

Prueba esto, en cualquier momento y lugar, cuando necesites mejorar tu confianza al instante. De pie, alarga la columna y relaja los hombros. Siente tu peso sobre los pies e imagina que te sostiene un enorme roble. Su tronco te mantiene erguido y te da fuerza y confianza. Te apoyas contra la corteza y sientes la energía cálida filtrándose bajo tu piel. Tus pies están anclados al suelo, por raíces que crecen y se extienden en las profundidades de la tierra. ¡Estás conectado con la naturaleza y listo para cualquier cosa!

Una buena postura genera energía positiva. Afecta la forma en que pensamos y sentimos y nos permite respirar correctamente, lo que a su vez inunda el organismo con oxígeno, proporcionando enfoque y claridad.

OCTUBRE

*Soy una persona
perfecta tal como soy.*

La naturaleza me cuida.

La magia vive en mi alma.

*Doy amor, recibo
amor, soy amor.*

REFLEXIÓN
CAPTAR EL ELUSIVO AROMA

La práctica de la atención plena comienza centrándose en la respiración: primero, dejas ir cualquier carga que atormente la mente (pensamientos ansiosos del ayer, preocupaciones persistentes sobre el mañana) y te relajas en tu cuerpo y su vivificante respiración. Dejas que se llenen los pulmones, retienes el aire un momento y luego dejas que fluya de nuevo al exterior. Sigues tu propio ritmo, sin forzar la respiración. Así, comienzas a estar más alerta y consciente. Con la respiración llega ese olor esquivo. Lo hueles, pero se te escapa; esperas, respiras y lo captas otra vez. El sistema olfativo es una de las partes sensoriales más antiguas del cerebro, evolucionada en mamíferos para ayudar en la detección de alimentos y el discernimiento del veneno (¡qué inteligente, la evolución, al ubicar la nariz tan cerca de la boca!). Para la mayoría de nosotros, sin embargo, se ha convertido en un sentido amortiguado: no confiamos en él para obtener ninguna información útil, y aparte del deleite con el primer olor del café de la mañana o el disgusto por los humos del tráfico de la ciudad, ignoramos lo que tiene que decirnos.

A pesar de su elusión, hay olores que momentáneamente nos abruman con recuerdos. El olor a alquitrán nos lleva de vuelta a la puerta del jardín cuando teníamos tres años y veíamos a los obreros reparar el camino; el olor del heno recién cortado nos transporta a veranos felices de la infancia. Subimos al vagón de un tren y de repente nos transportamos no sabemos dónde por el más leve de los olores: «¡He estado aquí antes! ¿Cuándo? ¿Dónde estaba yo la última vez que capté ese olor familiar, pero olvidado hace mucho tiempo?». La atemporalidad de la experiencia resulta extraña mientras buscamos localizar su origen. Luego, desaparece, se pierde, como un atisbo de madreselva en el aire nocturno. Nos quedamos intrigados.

REFLEXIÓN
LA MAGIA DE HACER ALGO

Algo mágico ocurre cuando la materia prima de la vida se teje con el acto creativo. Nuestro conocimiento y experiencia son como una lente única a través de la cual filtramos lo que sentimos, lo que experimentamos y los aspectos insondables del mundo en el que existimos. A menudo ni siquiera nos damos cuenta de la profundidad de lo que sale de nosotros, pero mediante la práctica consciente del arte podemos escuchar con suficiente atención para oír, o quizás ver con mayor precisión, la voz de nuestros productos tangibles de creación y la voz de otros.

Leer el lenguaje visual del arte es tan complicado como el acto mismo de la creación. El arte no se explica en términos literales, y al tratar de interpretarlo con métodos concretos, las palabras se quedan cortas. Hay toda una disciplina académica e histórica basada en la rica discusión e interpretación de las obras de arte y los métodos que se consideran mejores para entenderlas. La interpretación del arte, tanto nuestra como de los demás, también es notoriamente individual. La ciencia nos dice que la neuroplasticidad del cerebro significa que no hay dos mentes iguales. Cada red de neuronas y conexiones sinápticas se tejen de manera tan única que, tanto en la creación como en la apreciación del arte, existen infinitas posibilidades.

Aun así, hay momentos en que nos detenemos ante una obra de arte y esta nos habla. A veces es nuestro propio trabajo y otras la expresión del trabajo ajeno, pero estos casos de resonancia son una oportunidad para morar profundamente en la experiencia y alcanzar una gran comprensión.

ARTE QUE NOS HABLA

Con frecuencia, la respuesta a una obra de arte es estética. Sentimos y reaccionamos al arte corporalmente, con sentidos que van más allá de lo visual. La piel se eriza, el corazón canta o la garganta se contrae. Al experimentar conscientemente esta respuesta física y estar presentes en nuestro cuerpo y observar cómo reacciona, podemos identificar qué parte del cuerpo se conmueve con el trabajo. Al volver la atención hacia nuestro interior, podemos sentir emociones que burbujean o recuerdos que brillan.

Tomarse el tiempo para detenerse ante el arte puede ser esclarecedor. Demasiado a menudo, se pinta una obra sin saber de qué trata y sin ninguna intención de significado. Pero al detenernos ante ella después de su finalización, su significado y el origen de su significado se vuelven claros. Es maravilloso darse cuenta de que nuestra producción creativa puede provenir de un lugar completamente diferente de la planificación y el control, y resulta aún más fascinante darse cuenta de que este es también el lugar del que proviene nuestro mejor arte. La llamada y la respuesta del arte se pueden sentir y encontrar en el aquí y ahora.

MOVIMIENTO

SECUENCIA DE YOGA PARA EQUILIBRAR LOS CHACRAS

DURACIÓN: 10-15 minutos
ESTILO DE YOGA: hata clásico
BUENO PARA: equilibrar los chacras, revitalizar el sistema pránico con la liberación de bloqueos energéticos

Esta secuencia de hata yoga puede liberar bloqueos y energía estancada de tus chacras, lo cual ayuda a que el prana (tu energía de fuerza vital) fluya correctamente. Limpiar los chacras conlleva otros beneficios, como la claridad mental, el equilibrio emocional o un flujo de creatividad.

Mantén las posturas durante 5-10 respiraciones (de cada lado cuando la postura se realice con la pierna izquierda y derecha). Para la postura del chacra sacro, adopta la variación del guerrero 2, que es el guerrero invertido. La postura del chacra de la garganta se compone de dos: la vela y el pez. El pez actúa como contraposición a la vela y siempre debe ir después de esta postura fuerte. Si la vela es demasiado difícil para ti o está contraindicada debido a problemas de cuello, realiza solo la postura del pez.

Termina la práctica dejando que fluya la prana por tu sistema energético.

1. LA GUIRNALDA

2. EL GUERRERO INVERTIDO

NOVIEMBRE

3. LA COBRA

4. EL ARCO

5. LA VELA

6. EL PEZ

7. EL NIÑO

8. EL CONEJO

GRATITUD

CINCUENTA PALABRAS PARA LA LLUVIA

Las tormentas pueden ser muy diferentes. Hay lluvia ligera y brumosa como la de una selva; lluvia torrencial que arranca las hojas de los árboles; lluvia suave que sabes que durará todo el día, o incluso varios días. Puede llover lo mínimo para mojar el pavimento y llenar el aire de petricor, y luego cesar. La lluvia de verano despeja el aire y produce grandes gotas sobre el polvo. La que alimenta el musgo es una precipitación entre niebla y lluvia suave. La lluvia de principios de invierno te cala los huesos e invita a acurrucarte con un libro en lugar de salir. ¿Con cuál te quedas?

A menudo, cuando llueve, te sientes un ser más tranquilo y asentado. En parte, esto se debe a la baja presión. Si bien la vida no se detiene porque llueva, esta agua que cae del cielo sí nos da cierto respiro. La lluvia refleja el alma de lo introvertido, yin, tranquilo. Cuando el cielo y la tierra se unen a través del agua, entramos en nuestro interior. La lluvia es una invitación a la atención plena.

Escuchar la lluvia puede convertirse en una sencilla meditación. La próxima vez que llueva, tómate tiempo para hacerte presente a través del sonido de la lluvia. Escucha el golpeteo en la ventana o el techo. Deja que el aire entre y salga de los pulmones. ¿Sientes más humedad en el aire? Estás respirando agua de algún otro lugar de la Tierra. Estás aquí ahora, en esta intersección de tiempo y espacio, clima y respiración. Cierra los ojos y deja que el sonido se convierta en ti. El agua es vida. Tú eres vida. Todo es uno.

NOVIEMBRE

REFLEXIÓN
PASEO CON ATENCIÓN PLENA

Lo esencial de la atención plena es que es completamente natural, algo que a menudo practicamos sin siquiera intentarlo. Cuando estamos alertas y absortos en desbrozar el jardín, cocinar, pintar un cuadro o disfrutar del aire fresco y el paisaje en un paseo por el campo, es posible que ya estemos en un estado consciente, involucrados y presentes, aquí y ahora, en una actividad satisfactoria. Tales momentos pueden ser raros en la vida diaria, ya que nuestra experiencia va a menudo acompañada de un ruido de fondo de preocupaciones y ansiedades, dudas, estrés e incertidumbres, pero no tienen por qué serlo. Al reconocer y saborear la calidad de la atención plena, podemos aprender a fomentarla y vivir en paz en el momento presente, en cualquier lugar.

El principal ejercicio de atención plena implica la respiración. Dependemos del oxígeno invisible que da vida en el aire para nuestra existencia: cinco minutos sin respirar y estamos muertos, y sin embargo, la mayoría de las veces le damos poca importancia. Para este ejercicio, debemos estar cómodos, de pie o sentados, con la espalda recta, pero sin esfuerzo y con los hombros abiertos. Nada debe ser forzado; respira suavemente y el cuerpo te dirá cuánto aire necesitas. Luego, simplemente observa la respiración, sintiendo la inhalación a medida que el aire fluye, abriendo los pulmones, siguiendo la exhalación a medida que los pulmones se desinflan. Al enfocarnos en esta simple actividad, nuestra mente deja de vagar y el cuerpo comienza a experimentar calma.

NOVIEMBRE

ENCONTRAR NUESTRO RITMO

También es posible practicar mindfulness mientras caminamos, coordinando nuestra respiración con el balanceo regular de nuestras extremidades. Una vez más, nada debe ser forzado; simplemente busca un ritmo cómodo y toma conciencia de la respiración. La constitución de cada uno es distinta y cada cual debe encontrar el propio camino hacia lo que instintivamente nota correcto y fácil. El maestro budista zen Thich Nhat Hanh ofrece algunas recomendaciones en su pequeño libro *How to Walk*. En él plantea cómo disfrutar caminando entre multitudes, en una ciudad concurrida o en un aeropuerto, y cómo subir escaleras. Sugiere que debemos empezar dando dos pasos para la inhalación y tres pasos para la exhalación, o, si nos resulta más fácil, tres y cinco. Hay que reducir estas cifras al subir una cuesta. Hay que escuchar al cuerpo y adaptarse, cada uno debe encontrar su ritmo natural.

RESPIRAR Y CAMINAR CON PLENA CONSCIENCIA

Respirar y caminar de manera consciente es la base para nuestra exploración adicional de la forma en que nos relacionamos con el mundo, contemplamos nuestro lugar en el ecosistema vivo, nuestras conexiones con otras criaturas. Sentimos la tierra bajo los pies y la atracción constante de la gravedad del planeta, en particular, cuesta arriba. Al volvernos más conscientes de nuestro cuerpo en el momento presente, localizamos un lugar firme desde donde ser más conscientes para apreciar nuestro entorno.

MEDITACIÓN

EL MAGO: MEDITACIÓN PARA FOMENTAR LA FUERZA INTERIOR AL ACOSTARSE

Estás sentado en la cima de una montaña. Un manto de estrellas descansa sobre tu cabeza, y la noche es todo un misterio. Ves formas en la distancia, el contorno de otras montañas, y sobre ellas brilla la Luna llena. Respiras profundamente y arrastras el aire frío hacia tus pulmones. Mientras exhalas, viertes tus temores fuera con esta respiración exterior. La paz impregna tu ser.

Sentarse con las piernas cruzadas, arraigándote, hace que sientas seguridad y protección. Desde este punto la vista alcanza kilómetros a la redonda. Estar tan arriba, tan libre, te hace sentir que tomas el control y respiras hondo otra vez, absorbiendo el poder de este lugar. Una pequeña llama, un destello de luz, chispas dentro de tu vientre, que crecen con cada respiración. El calor del fuego prendido se extiende y te sientes en plenitud de fuerzas. La luna dirige su atención hacia ti, bañándote en su mirada luminiscente. Sonríes y, en el centro de ti, algo se solidifica.

«Abrazo mi poder», dices.

Luego, extendiendo las manos, te concentras y mandas tu intención al espacio, mientras el fuego interior chisporrotea. Donde una vez no había nada más que tierra seca, ahora hay un pequeño fuego; un lugar para calentar tu alma. No te sorprende esta demostración de poder. Sabes que conseguirás cualquier cosa que te propongas.

Levantándote lentamente, te giras, con los brazos extendidos. Diriges la cara hacia la luna y das vueltas, y mientras, el fuego se extiende en un círculo perfecto a tu alrededor. Este anillo de llamas proporciona protección y un espacio sagrado para acceder a tu fuerza interior.

«Soy fuerte», gritas en la noche.

Como si te respondiera, el eco devuelve tus palabras: «Soy fuerte, fuerte, fuerte...».

NOVIEMBRE

De nuevo, te sientas en el centro del círculo que has creado. Las llamas se elevan y la pared de fuego te envuelve, haciéndote sentir un ser aún más empoderado. Colocas las manos planas sobre el terreno polvoriento. Un cosquilleo vibra en las palmas, y luego, a medida que las levantas, un pequeño retoño cobra vida. Surge de este paisaje quebradizo empujando hacia las estrellas, y te maravillas con la nueva vida. Los brotes se entrelazan alrededor de tus dedos, y sientes que la energía de la tierra se mezcla con tu propia esencia.

Te mantiene firme y a salvo.

Define tu fuerza.

Tomas aire refrescante y sientes que tu estómago se hincha. A medida que exhalas, una corriente de luz blanca brota de tus labios y gira hasta que forma un símbolo para representar tu poder personal. El símbolo se cierne en el cielo nocturno sobre tu cabeza: un faro de tu fuerza que todo el mundo ve.

REFLEXIÓN
HUERTO INVERNAL

Los vegetales de invernadero o vivero no son como los que se compran en la tienda, y son incluso diferentes de los de huerto. Las verduras de invierno son resistentes. Sus paredes celulares son fuertes para protegerse del frío, capaces de sobrevivir a ciclos de congelación y descongelación. Sus raíces resisten bajo el suelo, con la mínima protección para mantenerse vivas. Las hojas son de color verde oscuro, y tienden a ser pequeñas y densas. Coinciden con el sentimiento invernal: duro, enraizado, aguardando la primavera.

El huerto de la estación fría sugiere, sin embargo, que si bien el invierno es un momento de latencia y descanso, con un poco de refugio puede haber vida y crecimiento. A veces somos como diente de león que crece en grietas: nada nos detiene; somos diamantes en bruto. Pero pasado un tiempo, sin apoyo, nos marchitamos y dejamos de crecer. Necesitamos un alma bondadosa que nos traiga un poco de agua, un poco de aliento. Nos parecemos más a las tiernas plantas perennes que al resistente diente de león. Cuando se escuchan y respetan nuestras necesidades, cuando se nos da un impulso con fertilizante natural en el momento adecuado, florecemos.

NOVIEMBRE

EL TÚNEL INVERNAL DE LA VIDA

A veces, parece que nuestro propio suelo está congelado y somos incapaces de reunir suficientes nutrientes para seguir adelante, pero tanto si hablamos del tamaño de la maceta para un cepellón como de la tierra congelada debajo de un túnel invernal, lo que necesitamos es el terreno adecuado donde apoyarnos, el clima adecuado para mantenernos en marcha. La jardinería en cualquier estación del año nos recuerda que la chispa vive en nosotros en todo momento, pero necesitamos esa llamada, esa petición, ese apoyo para llevarnos a donde necesitamos ir. Entonces, cuando sea el momento adecuado, floreceremos.

Cuando no sabes cuánto deberás esperar para desplegarse y crecer, el truco es entrar en el silencio del túnel de invierno. Escucha la quietud. No dirijas ni pongas etiquetas ni te fuerces, solo escucha. En la quietud y el silencio a veces se revela lo que necesitamos escuchar. Entonces debemos dejar tiempo para que germine.

VISUALIZACIÓN
AUMENTAR LA FUERZA INTERIOR

Piensa en un momento en que hayas logrado algo de lo que te sientas orgulloso: aprobar un examen, conseguir un nuevo trabajo o un ascenso, o incluso algo práctico como decorar tu hogar.

Imagina que estás viendo una película de la experiencia en tu mente y, cuando llegues al momento de la victoria, congela el instante, ese fotograma, y cógelo con el pulgar y el índice, como si lo pellizcaras.

Di en voz alta o mentalmente: «Puedo hacer cualquier cosa que me proponga». Repite este proceso todos los días durante una semana para reforzar la acción y el patrón de pensamiento. Siempre que necesites reservas adicionales de fuerza y determinación, pellizca con los dedos índice y pulgar ¡y recordarás al instante tu genialidad!

NOVIEMBRE

*Soy una persona que
sale victoriosa de todo.*

*El poder de mi mente
es suficiente.*

Siempre llego a mi destino.

*La resiliencia es
mi superpoder.*

REFLEXIÓN

NUTRIRNOS A NOSOTROS MISMOS

La sociedad moderna parece decidida a vivir ocupada, sin tiempo para detenerse un momento y levantar la vista del trabajo, actividades extracurriculares o demás tareas rutinarias. La gente se apresura, trabaja para terminar quehaceres, atender proyectos o complacer a otras personas y satisfacer sus necesidades. Sin embargo, los estudios e informes, y las conversaciones con los demás, nos muestran que todo esto crea ansiedad, enfermedad, depresión y una sensación de agobio con la que no sabemos cómo lidiar y para la que los departamentos de salud no están equipados. Es difícil salir del ajetreo el tiempo suficiente para reconocer que nosotros también nos sentimos abrumados por las listas de tareas pendientes y el mantenimiento de las apariencias, por nuestros esfuerzos para mantenernos en el camino de vivir con plenitud. A veces parece más fácil no enfrentarnos al estrés, sino alejarlo, pero eso solo contribuye a empeorarlo.

Al programar tiempo y espacio para un pasatiempo o un descanso, aunque sea solo una vez a la semana, nos damos permiso para buscar la tranquilidad que tan desesperadamente necesitamos, pero que a menudo ni siquiera nos damos cuenta de que anhelamos. Tomar una taza de café y sentarse fuera para escuchar a los pájaros y observar el entorno un momento, ofrece espacio para que nuestro ocupado cerebro deje de dar vueltas a todo y se concentre en otras cosas.

NOVIEMBRE

El yoga, la meditación o los proyectos diarios pueden guiarnos en nuestra experiencia cotidiana. Los recordatorios para nutrir el cuerpo, revaluar nuestra postura y dar a la mente un espacio tranquilo convierten estas prácticas en algo casi natural para nosotros, y podemos llevárnoslas al trabajo o aplicarlas en el caos de la vida familiar.

Pueden cambiar nuestra perspectiva de la vida. En lugar de querer estar siempre en otro lugar o ser otra persona, podemos detenernos y apreciar dónde estamos ahora. Las estaciones del yo continuarán fluyendo; depende de nosotros disfrutar de estar plenamente presentes en cada etapa.

OBSERVACIÓN DE ESTRELLAS
EL ASTERISMO DE LAS PLÉYADES

Tauro, una de las constelaciones del zodíaco, es un elemento grande y prominente en la última parte del año. Dentro del área de la constelación se encuentra el grupo de las Pléyades, o Siete Hermanas (M45), que en el hemisferio norte se ve mejor en noviembre. A pesar del nombre, en realidad hay seis estrellas visibles a simple vista, y si usas binoculares o un telescopio encontrarás cientos de estrellas brillando como diamantes.

ASOMBRO Y BELLEZA

Mirar al cielo en una noche bien oscura es fascinante: negrura de horizonte a horizonte, salpicada por miles de puntos de luces parpadeantes, como joyitas sobre una tela de seda. Y cuando ves algo como las Pléyades a través de un telescopio por primera vez, no puedes dejar de sorprenderte. Tanto si conoces el aspecto científico de lo que observas como si no, la belleza intrínseca del cielo nocturno es la misma. Es una fuente de inspiración, fascinación y asombro. La próxima vez que mires hacia arriba, permite por un momento que el exquisito esplendor del paisaje estelar capture tus ojos y tu corazón.

REFLEXIÓN

COMIDA CONSCIENTE, HORAS DE COMER CONSCIENTES

La comida es demasiado importante para tomarla con prisas, vamos a decidir conscientemente saborearla y apreciarla de verdad. Así nos alimentará en mayor profundidad y nos envolverá un sentido edificante de gratitud por todo lo que representa.

Cuando llega la hora de comer, llega la oportunidad de celebrar la maravilla del reabastecimiento de una manera muy directa. Incluso antes de comenzar a comer, se ha dedicado mucho trabajo y pensamiento a crear los alimentos que comemos, desde el cultivo, la cosecha, el transporte, la compra, hasta la cocción cuidadosa. Cabe prestar atención a todos estos aspectos cuando decidimos hacer que nuestras comidas sean conscientes.

Una comida es casi siempre fuente de alegría natural y frecuente. Para que no traiga alegría, debe ser muy mala, o que el comensal se sienta mal y eso empobrezca su deleite instintivo normal. Nuestro amor por la comida y la frecuencia habitual de las comidas hacen que el desayuno, el almuerzo o la cena sean momentos perfectos para practicar la atención plena. La alimentación consciente podría convertirse en algo normal, algo que haces una vez al día o tal vez solo durante diez minutos de vez en cuando.

NOVIEMBRE

Para empezar, reserva un lugar tranquilo para disfrutar de la comida. Deja a un lado toda tu parafernalia electrónica: sin auriculares que te distraigan con música o noticias. Móvil apagado. Televisor de la cocina apagado. Una vez que te hayas servido, observa cómo un plato complementa a otro. Disfruta de los colores, a veces a juego y apagados, otras veces con sorprendentes contrastes de color. Disfruta de los aromas a medida que acercas la comida a la nariz. Come despacio, gozando y apreciando la comida. Sintoniza con el sabor y la textura, y la forma en que cada bocado se transforma en tu boca. Al tragar, siente cómo viaja a tu cuerpo y se convierte en parte de tu fuerza, sin ser ya una entidad separada, sino parte de tu propio ser. Entre bocados, deja los cubiertos y relaja las manos para concentrarte en las sensaciones de tu boca. No tengas prisa alguna por tomar otro bocado antes de que te hayas terminado el primero.

La alimentación consciente es un ejercicio no solo para reafirmar la simple satisfacción de las comidas, sino que además brinda la oportunidad de participar en el agradecimiento, que es una actitud ante la vida que se ha demostrado que promueve una mayor felicidad. En lugar de centrarnos en lo que nos falta, mostramos gratitud por todo lo que tenemos.

MEDITACIÓN
EL HÁBITO DE LA RESPIRACIÓN CONSCIENTE

Respirar con toda la capacidad pulmonar es la base de la meditación y el yoga, pero también es aplicable a la vida diaria. Aprovechar el trabajo creativo como recordatorio para la respiración lenta y profunda te ayudará a guiarte hacia un cuerpo y una mente más saludables. Si incorporas de forma rutinaria la respiración profunda durante las actividades de creación, puedes adoptarla como una parte habitual de tu práctica creativa y tu vida.

Concentrarse activamente en la respiración es el primer paso: notar cuándo se está respirando profundamente o de manera superficial. La calidad de la respiración puede cambiar dependiendo de la práctica creativa, pero sentarte con la espalda recta mientras trabajas te ayuda a respirar mejor (por no hablar de los problemas de espalda). Encorvarse sobre el torno de alfarero o la máquina de coser o replegarse ganchillo en mano no son gestos ideales para largos períodos de actividad ni para respirar profundamente. Configurar el espacio de trabajo cuidadosamente, como ajustar la altura de la silla y la mesa, marca la diferencia en la facilidad con la que el cuerpo hará frente al trabajo prolongado. Y aunque puede que no sea práctico sentarse siempre bien o conscientemente, es posible seguir recordando que hay que cuidar la postura, con práctica.

REFLEXIÓN

OBSERVAR EL RITMO DEL CIELO

Día a día, el momento de aparición de cada estrella cambia, al igual que la hora del amanecer y el atardecer. Ese cambio es muy preciso, tanto que hay que ajustar un segundo nuestros relojes cada pocos años. El Sol y la Luna siguen sus propios ritmos, y eventos más raros como las lluvias de meteoritos y los eclipses agregan cierta síncopa al ritmo celestial. La observación del cielo se realizó por primera vez para registrar sus ritmos y ciclos, con el fin de crear un calendario. En la Antigüedad, los astrónomos eran sacerdotes, y los cálculos astronómicos eran a menudo secretos celosamente guardados. En la antigua China, la principal responsabilidad del poder político era mantener la Tierra en armonía con el cielo. Este «Mandato del Cielo» significaba que los astrónomos ejercían influencia sobre la vida cotidiana, así como sobre las estrategias políticas. En la antigua Grecia, un eclipse solar alrededor del año 600 a. C. fue predicho por el filósofo Tales y se interpretó como un presagio. Interrumpió una batalla entre los medos y los lidios y la llevó a una tregua. En muchas culturas, ser capaz de predecir eventos astronómicos significaba poder. El Atharva Veda, una colección de himnos escritos en la India alrededor de 1500 a. C., fue uno de los primeros textos que describían rituales basados en el conocimiento astronómico. Textos como este dieron a los gobernantes el poder de saber exactamente el día correcto para realizar el ritual correcto al dios correcto para lograr su objetivo, ya fuera ganar una batalla, engendrar un hijo o asegurarse de que lloviera lo suficiente para regar los cultivos.

NOVIEMBRE

EN SINTONÍA CON LA NATURALEZA Y CON NOSOTROS

Durante eras, los seres humanos y los animales han vivido según los ciclos de la naturaleza. Nuestros cuerpos han evolucionado para estar sintonizados con ellos. ¿Cómo saben las aves migratorias como las golondrinas salir de África y regresar al norte de Europa en primavera? ¿Cómo navegan? Lo hacen porque están en sintonía y son sensibles al mundo que las rodea. En la actualidad, los humanos hemos encontrado formas de desconectarnos de casi todos estos ciclos. Pero ¿qué precio pagamos por perder el contacto con los ritmos naturales?

Un observador de estrellas avezado siempre está en contacto con los ciclos astronómicos. Observar los ritmos del cielo nos ayuda a reconectarnos con los de todo el mundo natural, y ser conscientes de ellos también nos ayuda a notar nuestros propios ritmos personales. Hay quien muestra un estado de ánimo más bajo en invierno cuando el sol es esquivo, mientras que decae el ánimo de otros al llegar el lunes por la mañana. Algunas personas creen que su comportamiento o eventos vitales están vinculados a la ubicación del Sol en constelaciones particulares. Buda nos enseñó que todas las cosas cambian. Si prestamos atención a nuestros ritmos internos sin juzgar y con aceptación, fluiremos junto con los ritmos externos de la Tierra y las estrellas con más gracia y sensibilidad.

INVIERNO

LISTA DE REPRODUCCIÓN PARA EL INVIERNO

• *We Are All Made of Stars* – Moby

• *Flowers In December* – Mazzy Star

• *Winter Fields* – Bat For Lashes

• *A Hazy Shade of Winter* – Simon & Garfunkel

• *The Blizzard* – Camera Obscura

• *White Winter Hymnal* – Fleet Foxes

• *Goodbye England (Covered In Snow)* – Laura Marling

Ahora es momento para
descansar, reflexionar
y renovar el espíritu.

Soy naturaleza y la
naturaleza está en mí.

Acepto mi imperfección
y amo lo que soy.

DICIEMBRE

*Tiempo de regocijarse. Las celebraciones
y festividades marcan el año que
ha pasado y aúnan experiencias
de vida en todo el mundo.*

REFLEXIÓN
CREAR TIEMPO

Encontrar espacio para la actividad creativa en el día a día, entre trabajo, familia y tiempo de ocio, puede ser estresante. O bien intentamos apretar todo lo demás para conseguir el máximo tiempo posible para nuestras manualidades, o bien nos sentimos culpables cuando nos tomamos un tiempo lejos de los demás para satisfacer nuestras necesidades creativas. No parece ser muy distinto para el profesional a tiempo completo, el aficionado ocasional o quien está entre ambos. El tiempo y el espacio para el trabajo creativo no aparecen por arte de magia, y debemos crearlos nosotros.

Parece vital que, en lugar de aceptar los aspectos negativos de tener muy poco tiempo, abordemos pacíficamente la tarea de buscar ese espacio activamente. El mundo cada vez va más acelerado, nos falta tiempo y no podemos darnos el lujo de perder el enfoque y llegue un día en que nos preguntemos dónde fueron a parar nuestros días. Andar ocupado sin propósito no refleja importancia, sino más bien es una indicación de que no estamos prestando atención a nuestro tiempo de una manera reflexiva y considerada. Dejar que el trabajo o los compromisos externos nos alejen de lo que queremos hacer, agotándonos, deja poco espacio para nuestra creación o nuestro compromiso con una forma de vida más lenta y simple. Estar ocupado a veces esconde resistencia a otras cosas, y es un indicativo de que es necesario desacelerar de manera significativa.

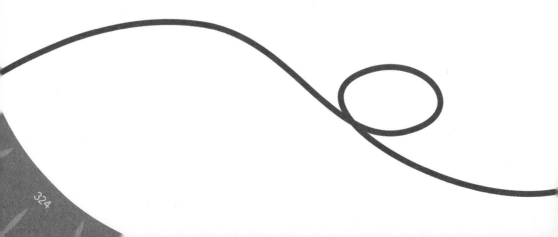

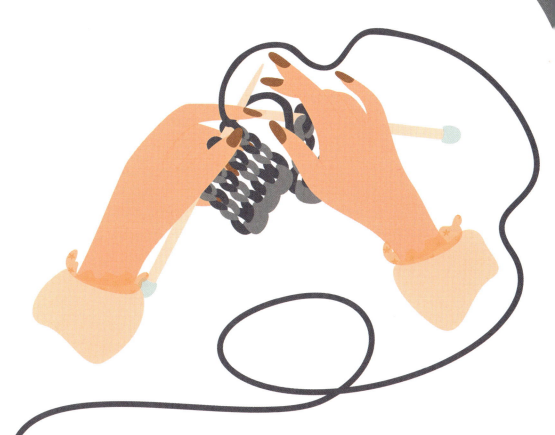

DICIEMBRE

Como dice un refrán zen tradicional: «Debes sentarte a meditar 20 minutos al día, a menos que estés demasiado ocupado, entonces debes sentarte una hora».

Ser conscientes en nuestra práctica creativa, al optar por priorizar el espacio y el tiempo para nosotros, atrae la atención a nuestro núcleo interno. Centrarnos en una sola cosa nos hace reducir un poco la velocidad de la vida cotidiana. La creación consciente es más que coser o tejer algo hermoso: se trata de aprender a trasladar ese enfoque o sensación de atención (a la costura, al patrón) a nuestra vida diaria.

MOVIMIENTO

EL CACHORRO ESTIRADO
Anahatasana

DURACIÓN: 1-2 minutos
ESTILO DE YOGA: yin yoga
BUENO PARA: abrir el corazón, reconfortar

Comienza apoyándote en manos y rodillas. Avanza las manos hacia delante para acercar el pecho a la esterilla. Mantén las caderas alineadas con las rodillas y los brazos alineados con los hombros, y las palmas en la colchoneta. Apoya la frente sobre la colchoneta. Para deshacer, retrocede con cuidado con las manos, a cuatro patas. Adopta la postura del niño, como contrapostura.

MODIFICACIONES

En caso de problemas en los hombros, dobla los codos hacia fuera y mueve las manos una hacia la otra.
Si no llegas a la colchoneta con la frente, apóyala en un bloque o manta.

VARIACIÓN: ESTIRAMIENTO MÁS PROFUNDO (NIVEL INTERMEDIO)

Si eres lo bastante flexible y no tienes problemas de cuello, apoya el pecho y la barbilla en la colchoneta.

DICIEMBRE

EL CACHORRO ESTIRADO

REFLEXIÓN
ADENTRARSE EN EL SILENCIO

Para los que viven en áreas urbanas, es difícil encontrar tranquilidad con el constante ruido de fondo del tráfico, las sirenas en la distancia y los aviones que sobrevuelan. Para algunos, la idea de estar en silencio es tan incómoda que procuran que nunca suceda, con la televisión o la radio siempre encendidas o con música de fondo. Para los que viven en el campo, el silencio durante la noche es tan completo que se puede oír caer un alfiler.

A diferencia de nuestros ojos, que podemos cerrar a las distracciones, no podemos cerrar los oídos. Por lo tanto, la atención plena a menudo se practica en silencio. Por supuesto, casi nunca es total, pero al tratar de permanecer lo más callados posible, minimizamos cualquier distracción para nosotros y para los demás y favorecemos una atmósfera de calma. Permanecer callados nos da la oportunidad de sentir, escuchar y observar la incesante charla interna: los comentarios constantes, los juicios y las reflexiones sobre lo que está sucediendo. Sin embargo, por mucho que queramos, no es posible calmar o despejar la mente por la fuerza.

La atención plena no trata de lo ocupada o tranquila que esté la mente, sino de cómo nos relacionamos con nuestros pensamientos. Al aprender a aceptar nuestro estado mental, las cosas se calman, al igual que una jarra de agua arremolinada acaba asentándose con el tiempo.

Estar en silencio nos permite notar cosas que nos perderíamos de otro modo: el viento en los árboles, los rayos de sol a través del vaso de agua, el tictac del reloj o la luz de las estrellas. Mirar hacia el cielo nocturno es una actividad tranquila. El mundo está más quieto durante la noche, y el cielo mismo sigue su lenta procesión sin un solo sonido.

HALLAR EL SILENCIO OCULTO

Ahora mismo, mientras lees esto, dedica un momento para sintonizar con tu sentido del oído. Solo escucha. Trata de no etiquetar o juzgar los sonidos; simplemente abre tu conciencia al paisaje sonoro que te rodea. ¿Hay algún sonido más sutil que tal vez tarde unos minutos en hacerse obvio? Los sonidos son como pensamientos: algunos son fugaces, mientras que otros surgen y pasan más lentamente; algunos son ruidosos, otros tranquilos; algunos son placenteros, otros aversivos.

Ahora trata de encontrar el silencio subyacente a los sonidos. Tómate tu tiempo. Siempre está ahí, como el cielo azul siempre está detrás de las nubes. Está allí, en un concurrido andén de la estación en hora punta, detrás del bullicio y el ruido. Sigue ahí cuando tu mente corre a mil por hora con todas esas listas de tareas e ideas. Una imagen muy tradicional es la de la tormenta en el océano. No importa lo salvaje que sean el viento y la lluvia en la superficie, en lo profundo, el agua siempre está tranquila y silenciosa.

MANUALIDAD

NOCIONES BÁSICAS DEL PUNTO CON AGUJAS

Tejer es una actividad satisfactoria: además de crear algo único, también posee propiedades de mindfulness. Mientras trabajas en tu prenda, abraza el ritmo meditativo de crear los puntos y respira.

UTENSILIOS Y MATERIAL

- 1 madeja de hilo ligero (grosor DK)
- 1 par de agujas de tejer de 4,25 mm (EE. UU. 6)

HACER UN NUDO CORREDIZO

Todas las prendas tejidas con dos agujas empiezan con un nudo corredizo. El nudo cuenta como el primer punto montado en la aguja.

1. Forma un bucle con el hilo como para anudarlo, dejando una cola de unos 10 cm (4 in).

2. Con la punta de la aguja de tejer, recoge el hilo dentro del bucle.

3. Tira del nudo. Ya tienes el nudo corredizo o primer punto.

MONTAJE PEGADO DE PUNTOS

El montaje pegado de puntos crea un borde muy limpio para el tejido, y es adecuado para la mayoría de proyectos. Cada punto se tira a través del bucle anterior. Esto refuerza el borde.

1. Haz un nudo corredizo, como se muestra en la página anterior, y sostén la aguja con el nudo en la mano izquierda. Para tejer el primer punto, inserta la aguja de la mano derecha a través del primer punto (nudo corredizo) de izquierda a derecha.

2. Envuelve el hilo alrededor de la punta derecha, de derecha a izquierda (en sentido contrario a las agujas del reloj). Tira del nuevo bucle a través del punto de la aguja izquierda.

3. Vuelve a colocar el punto en la aguja izquierda. Ahora tienes dos puntos.

4. Continúa montando puntos insertando la aguja derecha en el siguiente punto de la aguja izquierda, envolviendo el hilo alrededor de la punta de la aguja derecha y tirando del lazo a través del punto con la aguja derecha. Luego coloca el punto en la aguja izquierda. Repite hasta montar el número requerido de puntos.

PUNTO DERECHO

El punto derecho es uno de los puntos básicos con dos agujas. Cuando lo domines, podrás seguir y aprender diferentes patrones de punto.

1. Sujeta la aguja con los puntos montados en la mano izquierda.

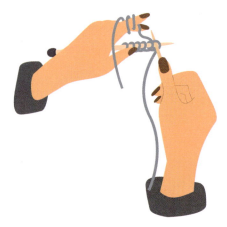

2. Inserta la aguja derecha, de izquierda a derecha, a través de la parte frontal del primer punto de la aguja izquierda.

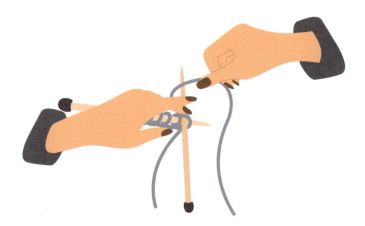

3. Pasa el hilo de izquierda a derecha sobre el extremo de la aguja derecha. Tira del hilo a través de la puntada; así se formará un nuevo punto en la aguja derecha.

4. Suelta la puntada de la aguja izquierda y mantén el nuevo punto en la aguja derecha. Repite los pasos 1-3 hasta que hayas trabajado todos los puntos de la aguja izquierda. Practica el punto hasta que seas capaz de producir una buena muestra cuadrada.

REFLEXIÓN
SENTIR TUYO UN LUGAR

El hogar es una idea muy espiritual que significa algo diferente para cada uno. La idea convencional del hogar perfecto es la de las revistas: un espacio bellamente diseñado y perfectamente proporcionado. Pero la idea espiritual del hogar es menos tangible. La sensación de hogar puede llegarnos a través de los ojos, la nariz, el gusto y el tacto. Para algunos, lo invoca el aire suave y las exuberantes colinas verdes del campo. Para otros, el olor a pan recién horneado, preparar una receta de un viejo libro de cocina familiar, compartir una comida con amigos con los que te une una larga historia.

Nuestros hogares nos ayudan a permanecer conectados con estas ideas alternativas de pertenencia, y las ciudades, tesoros de experiencias, nos permiten cultivar esas interpretaciones más filosóficas. Cuanto más vagamos, cuanto más experimentamos el mundo, mayores son las posibilidades de sentir arraigo en más variedad de paisajes, culturas y personas. Nuestras casas pueden ser pequeñas, pero somos aventureros libres de probar todos los placeres de la ciudad.

VISUALIZACIÓN
ENCUENTRA TU PAZ INTERIOR

Encuentra un remanso interior de paz con este ejercicio, que infunde serenidad para todo el día.

Comienza por poner fin a la charla interna. Cada vez que surja un pensamiento negativo o una crítica en tu mente, di: «¡Alto!», en voz alta o mentalmente.

A continuación, dirige la atención a la forma en que respiras. Disminuye el ritmo contando hasta cuatro, lentamente, mientras inhalas y exhalas, luego alarga poco a poco este tiempo. Repite el ciclo varias veces hasta que te sientas más relajado.

Cuando estés listo, di el siguiente mantra, ya sea mentalmente o en voz alta si las circunstancias lo permiten: «Quédate quieto, cálmate, sé puro, solo sé». Piensa en cada parte del mantra y lo que significa al decirlo. Repite varias veces, o hasta que te sientas tranquilo.

El mantra cambia el enfoque de la mente, alejándote de los patrones de pensamiento estresantes. El ritmo suave y repetitivo combinado con una respiración lenta y profunda relaja el cuerpo y la mente.

DICIEMBRE

La serenidad vive en mí.

Hay calma en cada momento.

*La llave de la tranquilidad
está en mi corazón.*

*Limítate a estar en
calma, tranquilo, puro,
simplemente estar.*

REFLEXIÓN

ENCONTRAR LA CALMA EN EL CAMINO

La quietud y el silencio no siempre son lo que pensamos. La quietud se puede encontrar en una multitud burbujeante y el silencio no siempre es tan solo la ausencia de sonido. Dar un buen paseo ofrece la oportunidad de alejarse del mundo ruidoso, de la familia (por muy querida que sea), o del lugar de trabajo por un momento, y explorar el bálsamo saludable del silencio, descubrir lo que realmente es y sondear algunas de sus profundidades.

EL SILENCIO NO SIEMPRE ES IDEAL

Nuestros antepasados debieron dar por sentada la tranquilidad, igual que nosotros tendemos a dar por sentada la respiración. Era natural escuchar solo los sonidos de la naturaleza mientras trabajaban, el canto de los pájaros y el mugido del ganado, el viento y la lluvia, y regresar a un pobremente iluminado hogar cuya tranquilidad solo era perturbada por el crepitar del fuego y la conversación. Aquellos días quedan atrás. Debemos esforzarnos para darnos el capricho del sonido esquivo del silencio, y apreciarlo cuando lo encontramos.

Por supuesto, no todo el silencio es idílico: hay silencios incómodos, como cuando hemos metido la pata diciendo algo fuera de lugar; silencios tensos en un matrimonio mal avenido; silencios agresivos disparados por adolescentes con problemas; silencios de amigos ofendidos. Todos tienen que ser manejados conscientemente, con sabiduría, empatía y experiencia. El sonido del silencio que buscamos cuando salimos a caminar es completamente diferente: es algo interno, y no solo una huida del asalto diario a nuestros oídos. Buscamos descanso y la oportunidad de redescubrir el centro de calma en el corazón de nuestro ser.

No es necesario encontrar un lugar con una falta total de ruido, donde todo lo que se escuche sea nuestro leve latido. Este tipo de silencio puede ser una tortura, y se usa como tal en algunos regímenes totalitarios. El silencio que anhelamos se logra cuando los sonidos externos –el viento en los árboles, los ladridos de un perro distante– aumentan en lugar de disminuir nuestra propia sensación de tranquilidad. Queda atrás la agitación de la vida, y nos ponemos en marcha conscientemente para redescubrirnos y reconectar con nosotros mismos.

RECETA
CHOCOLATE CALIENTE INVERNAL

Esta deliciosa bebida caliente es el ideal para un frío día de invierno. Saborea el rico sabor del cacao mientras escribes tu diario por la mañana o respira su aroma especiado mientras reflexionas sobre tu entorno.

2 RACIONES

INGREDIENTES

- 30 g (1 oz) de aceite crudo de coco
- 500 ml (18 fl oz) de tu bebida vegetal preferida: a mí me gusta la de semillas de cáñamo
- 70 g (2½ oz) de sirope de yacón
- 1 cucharadita de mezcla de especies dulces
- 1 trozo de jengibre fresco pelado, de 1 cm (½ in)

UTENSILIOS

- Accesorio para baño maría o deshidratador
- Batidora
- Bol de cristal
- Dos tazas bonitas

CONSEJO
Esta bebida tiene un toque amargo de cacao, pero si te gusta más dulce, agrega un poco más de sirope de yacón.

ELABORACIÓN

1. Si el aceite de coco está solidificado, derrítelo hasta que tenga una consistencia blanda o líquida al baño maría o en el deshidratador.

2. Añade el aceite de coco a la batidora con el resto de ingredientes y mézclalos a plena potencia, usando el émbolo, hasta que queden integrados.

3. Vierte la mezcla en un tazón de vidrio y caliéntalo al baño maría, removiendo con frecuencia. Sírvela en tus 2 tazas favoritas y disfrútala de inmediato.

NATURALEZA
EL JARDÍN BAJO LA NIEVE

Bajo un manto de nieve yace un dragón esmeralda acurrucado, de respiración lenta pero constante. Brilla como un fuego fatuo apartado de la vista. Los jardineros escuchamos su voz en sueños, susurrando promesas de lo que la tierra traerá dentro de unos meses mientras el dragón sigue en hibernación. Es un pulso de vida sostenido en el vientre de la Tierra. Sabemos que se despertará a su debido tiempo. Por ahora, observamos su dominio desde casa, con una humeante taza de té en las manos, aguardando.

El jardín de invierno es el jardín de la esperanza. Un jardín de sueños de tomates regordetes y brócoli libre de insectos, que aún tenemos que plantar, pero que ya saboreamos en nuestra mente. Es el jardín de los planes: en invierno estudiamos minuciosamente los catálogos de semillas, nos comprometemos a probar algo nuevo la próxima primavera. Mentalmente, trasladamos zanahorias de un arriate a otro y nos preguntamos si a las violetas les gustaría ese lugar debajo de los árboles de hoja perenne. Aprovechamos el sueño del dragón y le preguntamos si en algún lugar podríamos plantar otro manzano.

Este jardín invernal de sueños y planes no es menos real que el jardín verde y en crecimiento, igual que un plano no es menos real que una casa. Al pasar los dedos por las páginas de un catálogo de semillas, maravillados ante los verdes, púrpuras y naranjas que aún no hemos cultivado, plantamos semillas en nuestra mente, semillas de compromiso y sueños. Si alguna vez has perseguido un sueño, sabes lo poderosas que pueden ser estas semillas de la mente y el corazón. Esto también es el jardín.

DICIEMBRE

CONTEMPLAR EL ESQUELETO DEL JARDÍN

El jardín de invierno cubierto de nieve es una oportunidad para apreciar las energías de movimiento más lento del jardín. Nos brinda la oportunidad no solo de soñar y planificar: con el follaje desaparecido y la fea quietud del invierno cubierta de suaves curvas de nieve, podemos ver los huesos del jardín. Obtenemos una perspectiva diferente que puede informar nuestros sueños. ¿Qué te dicen las piedras y los caminos, los cenadores vacíos y los baños para pájaros? ¿Ves fluir la energía a través de tu jardín y escuchas las sugerencias que su esqueleto ofrece? Estos rasgos perennes son el contenedor que guarda el jardín activo de las cosas en crecimiento. En algunos casos, la piedra y la madera literalmente proporcionan el contenedor de nuestro jardín, y la tierra en barbecho sostiene tanto el jardín como al jardinero. Los caminos y la estructura invernales son un escenario vacío, listo para recibir a los actores y bailarines de la primavera. Esto también es el jardín.

LA RUEDA EN MOVIMIENTO CONSTANTE

A medida que avanzamos por las estaciones y todo tipo de clima, nosotros y el jardín crecemos juntos. En invierno, encontramos esta espera, esta quietud. Respiramos y somos testigos del paso del tiempo. La rueda gira, y el jardinero consciente observa el momento, además de dar la bienvenida a los sueños. Cargamos todos estos descubrimientos en la carretilla, y los llevamos por los caminos de la vida. Regresamos a nosotros mismos, a medida que crecemos en compasión y comprensión. Nuestros caminos se cruzan con millones de seres vegetales y animales. Observamos la quietud y la promesa, a sabiendas de que con el tiempo llegarán los días de primavera.

REFLEXIÓN
ENCONTRAR SIGNIFICADO

Un hermoso mito japonés habla de la Vía Láctea y sobre cómo separa las dos estrellas más brillantes del cielo. La princesa tejedora Orihime, hija del emperador celestial Tentei, tejía hermosas ropas junto a la orilla del Tennogawa (literalmente «río celestial», lo que llamamos Vía Láctea). En una reunión organizada por Tentei, Orihime conoció a Hikoboshi, un pastor de vacas que trabajaba en la otra orilla del río. Se enamoraron, se casaron y olvidaron su trabajo. Con el tiempo, la ropa del dios terminó hecha jirones y las vacas se desperdigaron por todo el cielo. Enfurecido, Tentei separó a los amantes con el Tennogawa y los convirtió en Altair y Vega, dos de las estrellas más brillantes visibles desde el hemisferio norte. Tentei permitió que los dos se encontraran solo el séptimo día del séptimo mes, cuando una bandada de urracas volaría para crear un puente sobre la Vía Láctea. Este evento se celebra en Japón a partir del 7 de julio en el festival llamado Tanabata. Las personas escriben sus deseos más íntimos en un trozo de papel y lo atan a una rama, o lo atan a una ramita y lo dejan en un río para que el agua se lo lleve.

LAS HISTORIAS DE TU PROPIA VIDA

¿Qué hay de nuestras propias historias? Se dice que una de las funciones del cerebro es crear significado a partir de nuestras experiencias para ayudarnos a aprender. De esos significados surgen historias. Algunas de ellas son útiles, pero la mayoría no lo son, y sirven para limitarnos y fijar hábitos y patrones de pensamiento. Por ejemplo, te dicen a los siete años que no se te da bien el arte y que tus dibujos parecen manchones de pintura. Debido a su carga emotiva, este comentario se convierte en una historia que se reproduce internamente una y otra vez a lo largo de la infancia hasta que se fija una creencia: «Se me da mal lo artístico».

La atención plena nos ayuda a ver las cosas de manera más clara y objetiva. Al aplicar la atención a nuestros sentimientos, emociones y pensamientos, con aceptación y sin juicio, vemos estas historias como lo que son: solo historias. Algunas tradiciones utilizan la pregunta «¿Quién soy?» como enfoque para la meditación y una forma de ir más allá de estas historias. Nuestra psique es como una cebolla enorme, y con esa pregunta comenzamos a pelar las capas una por una. Cada respuesta que se nos ocurre puede ser parcialmente cierta, pero no es toda la verdad, hay más. El significado del mito de Tanabata trata de la alquimia interior o transformación que representa el camino de la autoindagación. El blanco y negro de las urracas son el yin y el yang, y el niño y la niña son nuestros lados masculino y femenino. La mayoría de nosotros vivimos en este mundo de opuestos: soy un hombre/mujer, estoy feliz/triste, tenso/relajado, soy rico/pobre, y así sucesivamente. El significado de la palabra yoga es «unir». El yoga es la práctica de reunir nuestros opuestos. Ya no estoy yo aquí y el universo, grande y malo, allá afuera; solo existe el espacio «yo-universo». En Tanabata, el encuentro de los amantes y el cumplimiento del deseo representan la unión de nuestro ser con el río de la vida. En ese lugar donde no hay opuestos, ¿quién eres tú?

LECTURAS RECOMENDADAS

Este almanaque incluye extractos de textos sobre meditación, yoga, recetas, naturaleza, observación de estrellas, rituales, manualidades, así como reflexiones y propuestas interesantes. Echa un vistazo a la siguiente lista de títulos de nuestro catálogo para ampliar tus conocimientos y tu bienestar.

PORQUE «MENS SANA...»

Yoga Asana
Nathalie Heath, 2022.

Círculo de Mujeres: Reuniones con intención, significado y propósito
Anoushka Florence, 2023.

Mindfulness
Kim Davies, 2020.

Pasaporte a la felicidad: la vuelta al mundo en 50 palabras que definen la buena vida
Megan C. Hayes, 2019.

Respiración consciente: Técnicas y ejercicios para transformar tu vida
Emma Power y Jenna Meade, 2023.

PORQUE SOMOS LO QUE COMEMOS

Cocina para la tribu: Recetas hechas con amor
Carolina Ferrer y Verónica Sánchez, 2023.

Cocina casera japonesa
Maori Murota, 2023.

El magnífico libro de las verduras
Alice Hart, 2023.

Hazana: Recetas vegetarianas de origen judío
Paola Gavin, 2018.

PORQUE TODO ESTÁ ESCRITO EN LOS ASTROS

Escrito en las estrellas
Jane Struthers, 2023.

Oráculo de Luna
Liberty Phi, 2022.

Signos lunares: Libera el poder de tu luminaria interior
Narayana Montúfar, 2023.

Love Match: Guía astrológica para el amor y las relaciones
Stella Andromeda, 2023.

PORQUE HAY MAGIA EN TI

Hechizos de amor
Semra Haksever, 2021.

Oráculo mágico: Guía para responder a las preguntas vitales del yo superior
Semra Haksever, 2021.

Magia para el día a día: Rituales, hechizos y pociones para una vida mejor
Semra Haksever, 2019.

PORQUE LA NATURALEZA NOS ACOGE

Plantas inmortales
Jo Lambell, 2023.

Mi jardín medicinal: Cuidados ancestrales para enfermedades modernas
Alice Smith, 2023.

Enciclopedia de plantas medicinales
Andrew Chevalier, 2017.

ÍNDICE

A
abejas 160-161
abrecartas 118-119
abril 97-125
acrósticos 252
actitud de gratitud 74-75
afirmaciones 6, 60-61
agradecimiento 104-105
agosto 213-237
alegría de la gratitud 16-17
alimentación y comidas conscientes 312-313
amabilidad 89
    amabilidad ilimitada 208-209
amor 6, 169, 182
aroma 198, 200
    captar el elusivo aroma 290
arte 34-35
    diario de arte 152-153
    magia de hacer 294-295
atracción gravitacional 215
aves 140-141, 179
    canto de las aves 94-95
    compartimos el mundo 234-235

B
bienestar 6-9
bolígrafos 22-23
brownies crudos de chocolate 32-33
budismo 164, 189
buenos deseos 182

C
caléndula 166-167
calma 338-339
caminar 38, 164, 301
    paseo nocturno 30-31, 210-211
    paseo por el bosque 268-269
chocolate caliente invernal 340-342
ciclismo 260
cielos nocturnos 18, 56, 210-211, 316-317
    asterismo de las Pléyades 310-311
    Auriga 78-79
    lluvia de meteoritos de las Perseidas 230-231
    Osa Mayor 106-107
    Polaris 138-139
ciudades 232
cocinar 76-77
conciencia del cuerpo 162
conectar con el mundo exterior 236-237
conexiones 6, 88-89
consciencia del cuerpo 162-163
correr descalzo 204-205
creación consciente 276
crear tiempo 324-325
creatividad 6, 12-13, 34-35
cuenco para velita 86-87

D
diciembre 323-345

E
enero 11-35
escribir un diario 6, 22-23, 50-51
    abril 114-115
    agosto 226-227
    enero 22-23
    febrero 50-51
    julio 206-207
    junio 172-173
    marzo 80-81
    mayo 142-143
    octubre 278
    septiembre 252
escritura 22-23, 220
    «marcadores» 114-115
    cuidar del escritor 278
escritura consciente 220, 226-227

F
febrero 37-62
fotosíntesis 218-219
fuerza interior 14-15, 306-307
    meditación del mago 302-303
fundamentos para tejer a dos agujas 330-333

G
girasoles 258-259
gratitud 6
    abril 104-105
    agosto 218-219
    enero 16-17, 28-29, 42-43
    febrero 42-43
    junio 164
    marzo 74-75
    mayo 132, 148-149
    noviembre 298
    octubre 272-273
    septiembre 248

H
hábitos con plena consciencia 120
    correr 205, 216-217
    tecnología 128
hacer un cambio creativo 90-91
haikus 206-207
herramientas 248
hogar 12-13
    sentir tuyo un lugar 334
hojas 146-147

I
ilumina tu día 70-71
invierno 318-321
iridiscencia 100

J
jardines 74-75, 198
   huerto invernal 304-305
   jardín bajo la nieve 342-343
   mensaje del jardín 244
   nutrir la danza de la vida 116-117
   sentido de la comunidad 250-251
julio 187-211
junio 159-185

L
listas de reproducción 66, 156, 242, 320
lluvia 28-29, 298-299

M
macarons de amor 58-59
magia de los rituales 122-123
manera como son las cosas 42-43
mantenimiento de plantas 20-21
manualidades 6
   abril 118-119
   diciembre 330-333
   febrero 52-53
   enero 26-27
   marzo 86-87
   octubre 280-281
manzanilla 136-137
maravillosa puesta de sol 148-149, 188
mareas 214-215
mariposas 134
marzo 69-95
mayo 127-153
meditación de la cascada 194-197
meditación para crear mindfulness 168-169
meditación sobre las raíces 84
meditaciones 6, 24
   abril 120-121
   febrero 56
   julio 194-197, 208-209
   junio 162-163, 168-169, 182
   marzo 84, 90-91
   mayo 150
   noviembre 302-303, 314
   septiembre 262
mejora tu ánimo 60-61, 288-289, 306-307, 336-337
melisa 228-229
mindfulness 6, 24, 188-189, 299, 301
   vivir aquí y ahora 62

momentos de plena consciencia en la naturaleza 222
movimiento 6
   abril 102-103
   agosto 216-217
   carrera consciente 216-217
   diciembre 326-327
   enero 14-15
   febrero 40-41
   julio 190-191
   marzo 72-73
   mayo 130
   noviembre 296-297
   octubre 270-271
   septiembre 246-247

N
naturaleza 6, 20-21
   abril 100, 110-113
   agosto 222, 228-229, 234-235
   enero 20-21
   febrero 44-47
   julio 202-203
   junio 166-167, 178-181
   mayo 134-137, 146-147
   octubre 274-275, 284-287
   septiembre 258-259
noviembre 293-317
nutrirnos a nosotros mismos 308-309, 312-313

O
observación de estrellas 6, 56
   abril 106-107
   agosto 230-231
   marzo 78-79
   mayo 138-139
   noviembre 310-311
octubre 267-290
otoño 240-241

P
paciencia y sabiduría ritual 92-93
parches (remiendos interiores) 280-281
personas de tu vida 142-143
plumas 98-99
poesía 172, 206-207
preparar arcilla 52-53
primavera 64-67
   esperar la primavera 54-55
puntada recta 26-27

Q
quietud 262
   calma para crear 264-265
   entrar en el silencio 328-329

R

raíces 82-83
recetas 6, 32-33, 58-59, 176-177, 340-341
recuerdos 200
reflexiones 6
   abril 98-99, 108-109, 116-117, 124-125
   agosto 214-215, 220, 232, 236-237
   diciembre 324-325, 328-329, 334, 338-339, 342-345
   enero 12-13, 18, 24, 30-31, 34-35
   febrero 38, 48-9, 54-55, 62
   julio 188-189, 198, 200, 204-205, 210-211
   junio 160-161, 170-171, 184-185
   marzo 70-71, 76-77, 82-83, 88-89, 94-95
   mayo 128, 140-141, 152-153
   noviembre 294-295, 300-301, 304-305, 308-309, 312-313, 316-317
   octubre 268-269, 276, 282-283, 290
   septiembre 244, 250-251, 256, 260, 264-265
reino espiritual 170-171
respiración 40-41, 150, 184-185
   dedicar tiempo a respirar 300-301
   hábito de respiración consciente 314
respiración consciente 150, 314
ritmos 18, 301, 316-317
rituales 6
   abril 122-123
   marzo 92-93
rutinas 18, 120

S

saludar al amanecer 124-125
semillas 48-49, 92
   banco de semillas propio 286-287
   bombas de semillas coloridas 180-181
   bombas de semillas para los sentidos 178
   bombas de semillas para mariposas 134
   bombas de semillas para pájaros 179
   bombas de semillas sanadoras 202-203
   cosechar semillas 284-285
   dispersión de semillas 274-275
   intercambio de semillas 44-47
   preparar bombas de semillas naturales 110-113
septiembre 243-265
setas 272-273, 282-283
significado 344-345
silencio 328-329, 338-339
sorbete de verano 176-177
suelo 108-109

T

tiempo con los sentidos 80-81
tiempo meteorológico 256

V

verano 154-157
visualización de confianza 288-289
visualización de equilibrio y estabilidad 174-175
visualización de la cascada 192-193
visualización del arcoíris 144-145
visualización del poder curativo del agua 224-225
visualización para expandir tu energía 254-255
visualización para la paz interior 336-337
visualizaciones 6
   agosto 224-225
   diciembre 336-337
   julio 192-197
   junio 174-175
   mayo 144-145
   noviembre 306-307
   octubre 288-289
   septiembre 254-255
voz interior 50-51

Y

yoga 6
   el bailarín 102-103
   el cachorro estirado 326-327
   el sauce 246-247
   importancia de la respiración 40-41
   luna creciente de pie 270-271
   media torsión sentada 130-131
   nutre tu fuerza interior 14-15
   saludar al día 72-73
   secuencia para el arraigo 190-191
   secuencia para equilibrar los chacras 296-297

ACERCA DE RALU

Raluca Spatacean es una ilustradora rumana que se inspira en los elementos de equilibrio del bienestar y en el mundo natural. En 2013 decidió seguir su intuición e instintos creativos para viajar por el mundo, y vivió en Italia, España, Rumania, Irlanda e Inglaterra, y experimentó la vida con libertad y alegría. En 2020 y durante la pandemia mundial, tomó tinta y papel y descubrió la alegría de la ilustración digital, que comenzó a compartir con el mundo en Instagram, y pronto encontró una comunidad de seguidores que hallaban calma en sus obras de arte y escritos positivos.

@madebyralu

ACERCA DE CINCO TINTAS

La editorial Cinco Tintas crea preciosos libros para inspirar y guiar a los lectores con valores éticos y espirituales, y opciones de vida prácticas y significativas. Explorando campos como la gastronomía y las bebidas, la vida saludable y el bienestar emocional, la autoayuda y el mindfulness, la naturaleza y la jardinería, la astronomía y la astrología moderna, las manualidades y los *hobbies*, el esoterismo y la magia, nuestros libros presentan ideas creativas que nos ayudan a relacionarnos entre nosotros y con el mundo que nos rodea.

Escritos con el corazón por divulgadores expertos, explicados paso a paso y acompañados de fotografías e ilustraciones cuidadas, nuestros títulos proporcionan al lector infinidad de ideas, herramientas y proyectos que lo guían en el difícil arte del buen vivir.

cincotintas.com
@editorial_cincotintas